A substância oculta
dos contos

A substância oculta dos contos

As vozes e narrativas que nos constituem

Yolanda Reyes

TRADUÇÃO Susana Ventura

pulo do gato

gato letrado

A SUBSTÂNCIA OCULTA DOS CONTOS – AS VOZES E NARRATIVAS QUE NOS CONSTITUEM
© edição brasileira: Editora Pulo do Gato, 2021
© Yolanda Reyes, 2016

COORDENAÇÃO PULO DO GATO Márcia Leite e Leonardo Chianca
TRADUÇÃO Susana Ventura e Márcia Leite (capítulo "O reino dos símbolos")
REVISÃO Claudia Maietta
PROJETO GRÁFICO Mayumi Okuyama
DIAGRAMAÇÃO Walkyria Garotti
IMPRESSÃO Eskenazi

A edição deste livro respeitou o novo
Acordo Ortográfico da Língua Portuguesa.

Dados Internacionais de Catalogação na Publicação (CIP)
(Câmara Brasileira do Livro, SP, Brasil)

Reyes, Yolanda
A substância oculta dos contos: As vozes e narrativas que nos constituem / Yolanda Reyes; tradução Susana Ventura. – 1. ed. – São Paulo, SP: Editora Pulo do Gato, 2021.

Título original: La poetica de la infancia.
ISBN 978-65-87704-08-1

1. Contos - Escrita 2. Leitores - Formação
3. Livros e leitura 4. Literatura 5. Professores - Formação
I. Ventura, Susana II. Título.

21-80200   CDD-809.89282

Índices para catálogo sistemático:
1. Livros e leitura para crianças e jovens:
História e crítica 809.89282

Eliete Marques da Silva – Bibliotecária – CRB-8/9380

1ª edição • setembro • 2021
Todos os direitos desta edição reservados à Editora Pulo do Gato.

pulo do gato | Rua General Jardim, 482 • conj. 22 • CEP 01223-010
São Paulo, SP, Brasil • TEL: [55 11] 3214-0228
www.editorapulodogato.com.br
@editorapulodogato

Sumário

6   *Era uma vez uma casa onde moravam as histórias* por Volnei Canônica

14   Preâmbulo

18   A substância oculta dos contos

34   Dar às crianças o que ler

42   Deixar que os filhos adolescentes leiam

56   Que todos os sotaques cheguem às crianças

62   Escrever os buracos negros

76   *Coda:* uma garota que foi... e que ainda é

80   A luz da escuridão

108   Mar de dúvidas: os livros sem idade

120   O reino dos símbolos

130   **SOBRE A AUTORA**

134   **REFERÊNCIAS BIBLIOGRÁFICAS**

Era uma vez uma casa onde moravam as histórias

por Volnei Canônica

Pois então, em 2009 eu conheci uma casa com teto, paredes e chão. Uma casa feita com os alicerces da palavra, da imagem, da ficção e da observação atenta sobre a infância. Uma casa que observa o impacto da literatura e do direito ao imaginário e ao poético. Essa casa real, de nome Espantapájaros, é feita com muito esmero, mas não fica na rua dos bobos nem no número zero, como nos versos do poema *A casa*, do poeta Vinicius de Moraes, musicado por Sérgio Endrigo e Sergio Bardotti.

A casa pensada e dirigida com esmero por Yolanda Reyes fica em Bogotá, Colômbia, e garante a bebês, crianças, professores, mediadores, pais, bibliotecários, estudantes e pesquisadores o acesso a um processo único de aprendizagem e experimentação da arte por meio da literatura.

Ao entrar nessa casa de palavras e de afeto, todos os meus sentidos ganharam dimensões de super-herói.

Passei a enxergar entre as paredes das salas, como se pudesse bisbilhotar um bebê mordendo um livro, comendo, literalmente, a poesia. Minhas orelhas ganharam a audição de um grande lobo e eu era capaz de ouvir o balbuciar das palavras a distância, as reações de espanto e de alegria de cada leitor ao virar a página. Lembro até hoje do arrepio de emoção que percorreu meu corpo. Minhas narinas se abriram para o perfume da infância, o cheiro do papel e das tintas dos livros, o aroma da cozinha que preparava o lanche dos leitores famintos. Nessa casa de histórias, a troca de saberes acontecia entre olhares atentos de seres miúdos e gigantes. Uma ligação atemporal de aprendizagens e de vivências entre crianças e adultos.

Durante a leitura de *A substância oculta dos contos – As vozes e narrativas que nos constituem*, de Yolanda Reyes, todas as memórias afetivas do dia dessa visita inesquecível retornaram. E pude avaliar como reverberaram. Ao conhecer o trabalho e os fundamentos do Instituto Espantapájaros, comecei a sonhar com a possibilidade de um projeto atento e respeitoso com a infância e a literatura aqui no Brasil. Anos depois, a inspiração fez nascer o Instituto de Leitura Quindim.

Com experiências que perpassam sua vida, de menina à mulher, de escritora à diretora do Espan–

tapájaros, Yolanda Reyes faz com que este livro seja uma obra única e essencial para quem se debruça sobre o universo da infância e da literatura para todas as idades. Longe de ser um livro autobiográfico, ainda assim dele se depreende o olhar múltiplo e as inúmeras facetas de Yolanda. Com muita generosidade, ela nos entrega algumas de suas vivências e reflexões como mulher, cidadã colombiana, filha, mãe, educadora, leitora, escritora, pesquisadora. Todo esse mergulho no fazer e no pensar de Yolanda por diferentes ângulos nos aponta que as melhores teorias sobre o processo de leitura estão na observação, no respeito e na relação genuína entre o mediador, a obra e o leitor.

"Tudo começa num quarto iluminado por uma luminária e alguém que nos conta uma história". Mesmo quando o *start* da ação parece definido, os caminhos que a literatura estabelece entre leitor/ouvinte e leitor/contador ocorrem num tempo indeterminado e de forma inesperada. Tudo está em processo e deslocamento. É assim que a literatura trabalha com a experiência do humano, pelo feixe das sensações e das memórias. Yolanda mostra como as palavras e as imagens carregam na sua bagagem de viajantes do tempo as inúmeras 'vozes outras' que podem nos ajudar a compreender um pouco mais sobre quem somos no ontem e no momento do aqui e agora. Ela nos conduz para que percebamos a relação inesquecível que se estabelece entre as pessoas – principalmente entre as crianças e os adultos – durante o ato de ler, e, sobretudo, para o poder que a literatura tem de evocar aqueles que nos precederam e influenciar os que nos sucederão.

Yolanda procura, atenta e respeitosamente, o caminho processual do comportamento leitor. Um comportamento que precede a leitura da palavra, a leitura do livro. Uma relação que se inaugura ainda no colo, quando o adulto é o primeiro livro da criança, a voz que vai descrevendo o mundo e os sentidos, os seres e objetos, as partes do corpo do bebê, os acontecimentos e os sentimentos. E é assim, em profunda parceria, que as primeiras narrativas poéticas para e com os pequenos e atentos leitores começam a ser escritas.

O querido escritor mineiro Bartolomeu Campos de Queirós nos dizia que não damos conta do belo, e por isso queremos compartilhar com o outro. Na crônica *A função da arte*[1], do escritor uruguaio Eduardo

---

1 Eduardo Galeano, *O livro dos abraços*, L&PM, Porto Alegre, 1991 - tradução de Eric Nepomuceno. [Nota da Editora]

Galeano, o menino Diego, ao ser apresentado ao mar pela primeira vez, não consegue dar conta daquela imensidão e chega a ficar mudo com tanta beleza. Quando finalmente consegue falar, pede: "Pai, me ajuda a olhar!".

Yolanda compartilha conosco seu aprendizado e nos ajuda a olhar, a escutar, a conversar, a ler. E nos ajuda a construir 'conversas de vida' a partir da literatura, pois, como ela mesma afirma, é urgente aprender a conversar.

A substância
oculta dos contos

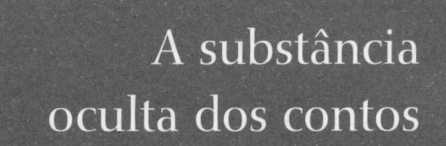

Preâmbulo

Tudo começa num quarto iluminado por uma lamparina e alguém que nos conta uma história. Ou ainda antes, com uma voz que nos embala enquanto ainda não temos as palavras. Diferente de outros mamíferos, a história da espécie humana parece reforçar aquela velha frase: 'no começo era o verbo'. Somos marcados com um nome – escolhido entre uma infinidade de outros –, ao qual, lentamente, vamos dando uma face; entregam-nos uns sobrenomes que amarram o passado ao presente e ao que deixaremos como legado ao futuro.

Por fazermos parte de uma saga escrita com palavras, precisamos ser nutridos, não somente com leite, mas também protegidos por estas mantas: histórias, contos e poemas – capazes de ligar os que estão chegando com os que chegaram há tempos e com os que já se foram. Ler é assistir a essa conversa entre os que estão – aqui e agora –, os que vivem longe ou já morreram e os que viverão quando já não estivermos aqui. Para evitarmos ser deixados à própria sorte, entre os monstros que povoam as infâncias, as crianças pedem um conto e outro e mais outro... Além do conteúdo da história, os contos e a voz são o pretexto para manter os seres queridos literalmente presos a essa trama de palavras que dá conta da odisseia humana pela construção de sentido.

Lemos e escrevemos, talvez, para reviver esse ritual, esse triângulo amoroso que, a cada noite, unia três vértices: uma criança, um livro e um adulto. Nessa cena originária está a chave de qualquer projeto de leitura. De um lado estão os livros. De outro, os leitores. E, no meio, essas figuras – pais, bibliotecários, professores, livreiros, editores – que propiciam os encontros para que cada leitor comece a esquadrinhar e decifrar, entre tantas palavras, aquelas de que precisa para inventar sua casa imaginária.

A autora

A substância oculta dos contos*

* Versão ampliada e revisada pela autora do capítulo "O lugar da literatura na educação", do livro *Ler e brincar, tecer e cantar – Literatura, escrita e educação* (2012), desta coleção.

I. O FIO DA MEMÓRIA

Há muito, muitíssimo tempo, muito antes de aprendermos a ler sozinhos, talvez uma voz amada nos tenha contado algum dos contos tradicionais que se costuma contar às crianças e que foram agrupados sob os rótulos 'contos de fadas' ou 'contos tradicionais'.

Ao seguir o fio da memória até muito longe, até o começo da infância, por vezes é possível evocar aquele rosto, aquela tom de voz, aquelas mãos que iam apontando reinos e palácios longínquos, para construir uma arquitetura que não existia e que, no entanto, era muito mais real que todo o resto: mais real que a beirada da cama que esquecemos, mais real que o quarto ou o quintal ou a noite daqueles tempos, mais real que nossos rostos daquela época, que as tranças ou rabos de cavalo ou brilhantina nos cabelos que há tanto tempo já não usamos.

Agora, quando esquecemos o rosto que tivemos e a idade exata e a roupa, talvez continuemos nos lembrando de algum pedaço da história, de alguma fórmula mágica introdutória, de palavras que se repetiam como uma canção e que nomeavam tudo aquilo de que não seria falado no restante das horas, tudo o que não se diria diante das visitas nem à mesa, nem na fila do colégio: a substância oculta dos contos, aquele poder das palavras para dar nome e existência a realidades interiores, tantas vezes terríveis e incertas, apesar da suposta inocência que os adultos costumam atribuir aos tempos de infância.

O primeiro conto de que me lembro, talvez o mais triste dos contos que conheço, mais que conto era uma ladainha e indagava, como no fundo sempre faz a literatura, sobre os mistérios da vida, por meio de dois de seus dramas recorrentes: o amor e a morte. Era a História da Dona Baratinha[1] contada por minha avó, durante muitas, muitas noites. Caso não saibam a história, a Baratinha varre que varre a porta de sua casa, e acaba por encontrar uma moeda e, com

---

1 Originalmente 'La Cucarachita Martinez', contada na Espanha e em suas ex-colônias na América e que é ligeiramente diferente da versão consagrada no Brasil, como se verá. [Nota da Tradutora]

a moeda, compra uma fita para o cabelo e se senta na soleira da porta de sua casa à espera de alguém que se apaixonasse por ela. Passavam o cachorro, o gato e outros animais, e todos diziam a mesma frase: 'Baratinha, como você está bonita! De coração eu peço: quer se casar comigo?'.

Ela, como é costume nos contos tradicionais, respondia sempre da mesma maneira: 'Isso depende: como me conquistará?'. O cachorro fazia 'au-au', o gato fazia 'miau' e ela, invariavelmente, voltava a responder: 'Ah, não! Siga seu caminho que você me assusta, me espanta e me assombra!'.

Ao final chegava João Ratão[2] e, quando ela dizia: 'Isso depende: como me conquistará?', ele respondia com um suave e sussurrado 'qui-qui', que por fim a enamorava. Imediatamente se casavam, mas a história não tinha final feliz porque, alguns dias depois, Dona Baratinha deixava João Ratão mexendo um cozido e o coitado se afogava na panela.

De repente, tudo ficava muito triste. A Baratinha se sentava a chorar e um passarinho que passava lhe perguntava o porquê de tanta tristeza. 'Porque o João Ratão caiu na panela e a Baratinha sente muito

---

2   No original, o Ratón Pérez. [N.T.]

e chora', respondia a Baratinha. E então o passarinho se juntava ao luto e dizia: 'pois eu, passarinho, corto o meu biquinho'. E passava a pomba e perguntava ao passarinho por que havia cortado o biquinho e a ladainha recomeçava: 'Porque João Ratão caiu na panela e a Baratinha sente muito e chora e o passarinho cortou o biquinho'. E a pomba dizia: 'Pois, eu, a pomba, corto minha cauda'. E quando o pombal todo chegava e perguntava, deixava-se dominar pela tristeza e dizia: 'pois eu, pombal, não voo mais' e se somava ao coro e a ladainha ia crescendo cada vez mais, com o aparecimento de novos personagens que repetiam uma vez e mais outra a mesma história:

"Porque João Ratão caiu na panela e a Baratinha sente muito e chora e o passarinho cortou seu biquinho e a pomba cortou sua cauda e o pombal não voa mais e a fonte clara se pôs a chorar. E eu, que conto, acabo em lamento porque João Ratão caiu na panela e a Baratinha sente muito e chora..."

E assim, o luto ia se apoderando de tudo e as palavras eram tristes, mas pareciam ter poderes curativos por serem repetidas tantas vezes. Obviamente, isso eu penso agora, pois naquele tempo eu não sabia o que circulava em torno dessas palavras que minha avó me contava e talvez ela tampouco o soubesse: simplesmente éramos duas pessoas muito próximas, corpo a corpo, cara a cara, falando sem falar todas as noites sobre os mistérios da vida e da morte e do amor.

Eu creio que é disso, exatamente, que trata a literatura. E creio que nós, leitores de qualquer idade, quando nos refugiamos na cadeia de palavras de um livro, continuamos buscando essa possibilidade – muitas vezes descoberta ao lado dessas primeiras vozes e dessas primeiras histórias que se inscreveram em nós –, de nomear, num idioma secreto, num idioma 'outro', aqueles mistérios essenciais que nunca conseguimos entender: a vida, a morte... E tudo o que está no meio disso.

II. O LUGAR DA LITERATURA

Se sabemos, desde os tempos remotos dos palácios e das vozes antigas, que a matéria da literatura é precisamente a vida – e a morte e o que está no meio delas –, caberia perguntar por que segue vigente em nossas práticas e nossos currículos essa outra ideia segundo a qual o que se deve saber de literatura é tanto do acessório e tão pouco do principal[3], isto é, definições, atividades, rótulos... – 'Dever antes da vida'[4], como disse algum de nossos ilustres heróis. A letra morta em primeiro lugar, e depois, quando tivermos aprendido bastante, se isso ocorrer, virá o prazer. Mas o problema é que esse 'depois' pode chegar muito tarde. A literatura, se ensinada dessa maneira, com suas listas de autores e de obras, não promove segundas chances.

De onde terá surgido esse consenso escolar que obriga a todos a sublinhar a mesma coisa no mesmo parágrafo do conto de Chapeuzinho Vermelho? A entender rapidamente as mesmas ideias principais de Barba Azul e a olhar todas as obras pelo mesmo ponto de vista? De onde exatamente surgiu esse desprezo que a educação tem pelo subjetivo, pelo inefável, pelo que não pode ser avaliado por uma prova acadêmica?

Eu me atrevo a pensar que há um pouco de vaidade nesse equívoco porque, em nossa concepção de

---

[3] No original em castelhano: 'tanto de lo que sobra e tan poco de lo que basta', glosando uma série de provérbios populares que circulam nos países da América do Sul. [N.T.]

[4] 'Deber antes que vida', ou 'Dever antes da vida', é o lema da Artilharia Colombiana, frase atribuída a Antonio Ricaurte (1786-1814), herói da Independência da Colômbia, que a teria pronunciado antes de uma decisão suicida. [N.T.]

ensino, ainda se pede ao professor que seja capaz de controlar, planejar e avaliar o processo de aprendizagem durante todas as etapas, do início ao fim, sem que nada lhe saia de controle. Essa concepção supõe que, quanto menor o tempo dado ao professor para cumprir objetivos e quanto mais materializados em indicadores concretos esses objetivos forem, mais fácil será para ver, comprovar e avaliar os resultados em termos quantitativos. De certa maneira, a 'eficiência' do professor está colocada em função de quanta aprendizagem ele consegue demonstrar por parte de seus alunos. O que não é visível, avaliável e observável não dá pontos. O que foge da resposta esperada não vale. O que acontece fora da classe não interessa. Os processos que se concluem após o final do ano letivo ou as descobertas que vão ocorrendo ao longo da vida, talvez graças à voz de um professor que contava histórias sem esperar em troca mais do que expressões atentas, fascinadas ou aterrorizadas, não se qualificam. E o que não se pode avaliar a curto prazo é como se não existisse.

Se já esboçamos que a literatura trabalha com toda a experiência vital dos seres humanos – e não apenas com o pedacinho que se pode medir – podemos imaginar o pouco que esses contos e essas vozes representaram para sistemas pedagógicos baseados em perguntas fechadas de 'múltipla escolha' ou em ideias meramente instrumentais que insistem em falar de 'leitura rápida' como se isso fosse uma competência acadêmica ou esportiva – o que, na verdade, dá no mesmo.

III. CASAS DE PALAVRAS

Ainda que pertençamos a uma mesma comunidade linguística, com um sistema de signos que nos permite evocar determinados significados para nos entendermos, pensar na essência da linguagem literária supõe voltar ao centro de cada um de nós: sua maneira de falar, sua casa de palavras. Se escrevo a palavra 'casa', posso estar certa de que todos que partilham a minha língua evocam em sua mente um conceito de casa com algumas semelhanças básicas, mas nenhuma das imagens mentais corresponde ao significado padrão do dicionário. Haverá mansões, apartamentos ou casas de campo; algumas serão grandes e outras modestas, e muitos irão mais longe e associarão a palavra a um cheiro particular, a uma certa sensação de segurança ou de aconchego de lar, a uma saudade ou a seus próprios segredos. E isso acontece porque todos vivemos em casas diferentes.

Vamos nos valer desse exemplo para recordar que cada ser humano vai construindo sua própria casa de palavras, vai se apropriando do código por meio de suas próprias experiências vitais e que costuma atribuir seus significados em um tecido complexo de relações e de histórias. Assim, debaixo dos rótulos, a linguagem que habitamos esconde zonas privadas e pessoais. Junto a zonas iluminadas existem grandes zonas de penumbra.

Que significado tem tudo isso para o ensino da literatura? Pois nada menos que o reconhecimento dessas zonas. Porque não é o mesmo ler um manual de instruções para ligar um forno elétrico que ler 'Instruções para dar corda a um relógio', de Julio Cortázar. E, se a escola não se dá conta de 'semelhante sutileza', ela seguirá ensinando a ler todos os textos da mesma maneira.

É lógico que para ligar um forno é necessário seguir alguns passos, de modo obediente e literal, do contrário se pode causar um curto-circuito. No entanto, também é certo que no caso de contos, de poemas e de toda a literatura, são precisamente a liberdade do leitor e, de certa forma, sua desobediência ao sentido literal das palavras, o que lhe permite 'compreender' em toda sua dimensão. Ainda que falemos de compreender para os dois tipos de leitura, a compreensão que se estabelece é muito distinta. Para entender um conto é necessário conectá-lo com sensações, emoções, ritmos interiores, símbolos talvez arcaicos e zonas recônditas e secretas de nossa experiência. Se não nos permitimos explorar essas zonas secretas com suas penumbras e suas ambiguidades, a literatura não nos acrescentará nada, mesmo que consigamos responder sobre qual assunto o livro trata, quando nasceram seus autores e identifiquemos a introdução, o clímax e o desfecho.

Apesar de que os dois tipos de instruções partilhem muitas palavras e signos, há algo nelas que nos faz, como leitores, entrar em dinâmicas diferentes. E a escola deve ensinar a ler de todas as formas possíveis e com diversos propósitos. Porque necessitamos seguir instruções cada vez mais complexas, não somente para conectar fornos ou para que uma nave possa decolar e explorar lugares remotos, mas também necessitamos, e cada vez com maior urgência, explorar o fundo de nós mesmos e conectar-nos com outros, iguais e diferentes, que partilham nossas raízes humanas, nossos sonhos e nossos temores.

Assim como algumas vezes devemos ser obedientes ou literais e noutras precisamos analisar com exatidão textos científicos e acadêmicos – e não nego que isso também pode e deve ser ensinado –, necessitamos de ferramentas para realizar leituras livres e transgressoras, para conversarmos profundamente conosco e com outras vozes, nesse idioma secreto que fluía entre nós e nossos narradores privados enquanto partilhávamos um conto.

Por falar nesse 'idioma outro', e por nomear essas 'moradas próprias', a literatura se lê e se sente desde a vida propriamente dita. Quem escreve estreia as palavras e as reinventa a cada vez, nelas imprimindo sua marca pessoal, e quem lê literatura recria esse processo de invenção para decifrar e *decifrar-se* na linguagem secreta de um outro. É um processo complexo que envolve, no mínimo, dois sujeitos, com toda sua experiência, com toda sua história, com suas leituras prévias, com sua sensibilidade, com sua imaginação, com seu poder de situar-se para além de si mesmos. Trata-se de uma experiência de leitura complexa e difícil, mas que se pode ensinar. Parece-me importante recordar que é possível ensinar a amar a literatura: a viver essa experiência de decifrar sentidos ocultos e secretos, de comover-nos e aterrorizar-nos e abalar-nos e nomear-nos e nos fazer rir ou tremer, e deixar-nos falar de tudo aquilo que não se costuma dizer em voz alta. Cabe, então – e sei que muitos professores acreditam e o fazem possível todos os dias – promover uma pedagogia do amor à literatura que acolha a imaginação e a sensibilidade e que estimule as crianças a serem recriadores dos textos.

IV. O QUE A LITERATURA PODE ENSINAR

Nossos meninos, meninas e jovens estão imersos em uma cultura de pressa e alvoroço que os iguala a todos e que os impede de refugiarem-se, em algum momento do dia, ou inclusive, de sua vida, nas profundezas de si mesmos. Por isso a experiência do texto literário e o encontro com livros reveladores que não se leem somente com os olhos ou com a razão, mas também com o coração e com o desejo, sejam hoje mais necessários do que nunca como alternativas para a construção dessas casas interiores. No meio da avalanche de estímulos externos, a experiência literária brinda o leitor com coordenadas para nomear-se e ler-se nesses mundos simbólicos que outros seres humanos construíram. E ainda que ler literatura não mude o mundo, pode sim fazer com que se torne mais habitável, porque o fato de nos vermos em perspectiva e de nos reconhecermos na experiência de outras pessoas contribui para abrir novas portas para a sensibilidade e para o entendimento de nós mesmos e dos outros.

Necessitamos de poemas, de contos e de toda a literatura possível em nossas escolas, não para sublinhar ideias principais, e sim porque é necessário passar a vida pela peneira das palavras; porque precisamos integrar os feitos, por vezes absurdos e por vezes aleatórios, e dar-lhes uma ilação e porque nossa tarefa, afinal, desde que começamos a usar as palavras, é construir sentido. Necessitamos da literatura porque a experiência dos demais nos ajuda a entender como outros procederam para que nós possamos experimentar também. Esse grande livro escrito a muitas mãos que é a literatura – experiência humana tecida de linguagem –, pode favorecer a educação sentimental e ajudar a empreender essa antiga tarefa do 'conhece-te a ti mesmo' e do 'conhece aos demais'.

Um professor de literatura, sobretudo, é como aquele personagem descrito no preâmbulo, um corpo que canta, uma voz que conta, uma mão que inventa palácios e arquiteturas impossíveis, que abre portas proibidas e que traça caminhos entre a alma dos livros e a alma dos leitores. Para fazer seu trabalho, não deve esquecer que, para além de professor, ele é um ser humano, com zonas de luz e de sombra; com uma vida secreta e uma casa de palavras que possui sua própria história. Seu trabalho, como a literatura, é risco e incerteza. Seu ofício privilegiado é, basicamente, ler. E seus textos de leitura não são apenas os livros, mas também seus leitores: quem são, como se chamam, o que buscam, o que temem, o que sonham... Não se trata apenas de um ofício, mas de uma atitude de vida. Não está nos parâmetros, nem nos textos escolares, nem no manual de atribuições, mas se pode ensinar. Oxalá essa ideia se propagasse: um professor pode 'ensinar', ou melhor, transmitir o amor pela literatura a partir de sua atitude vital, que é o texto, por excelência, de seus alunos. Quando saírem do colégio e esquecerem datas e nomes, poderão recordar a essência dessas conversas de vida que eram tecidas nas entrelinhas, quando o professor aparecia com um livro e partilhava com eles a emoção de uma história, sem pedir-lhes nada em troca. Porque, no fundo, os livros são isso: conversas de vida. E sobre a vida, por isso é urgente aprender a conversar.

Talvez o tempo, que corre tão depressa, apague

da memória dos estudantes os rostos ou a localização da sala onde hoje vocês leem contos, sem pedir nada além que suas expressões de expectativa, terror, assombro ou deleite. Mas quando forem grandes leitores, talvez se lembrem de algum conto arraigado que os tenha marcado para sempre ou de uma voz que dizia:

'Era uma vez, num país muito distante...'

E ninguém estará ali para lhes condecorar com uma medalha de honra ao mérito, nem para dar fé do milagre. Mas é assim que os leitores vão se construindo: corpo a corpo, em um quarto, numa sala de aula, numa biblioteca. Conto a conto. E um por um.

Dar às crianças o que ler

Não importa se os adultos são leitores compulsivos ou se pouco ou nada leem. O fato é que, quando se tornam pais, se fazem as mesmas perguntas: O que ler com as crianças?; Como torná-las leitores?; Com qual livro começar?.

São perguntas aparentemente difíceis, mas já diz o ditado: as aparências enganam. Porque, no fundo, a questão é mais simples do que se costuma crer. Eu me arrisco a responder que aos primeiros leitores não lhes interessa muito os títulos nem a ordem em que são mostrados. O que definitivamente sela a relação de um pequeno com a leitura é aquilo que circula no subterrâneo e que não está escrito nas linhas de um livro: a dupla adulto-criança, amarrada por palavras. A descoberta de que qualquer livro – com páginas ou sem páginas – é uma espécie de encantamento capaz de alcançar o que é essencial na infância: a certeza de que, enquanto dure a história, papai ou mamãe não irão embora.

Papai ou mamãe debruçados, todos voz, rosto e palavra, na beirada da cama. Absorvidos, de certa forma, no fluir da linguagem. As ocupações de adultos e a pressa cotidiana sobre as quais a criança nada entende, mas que lhes provocam profunda inquietação, de repente são adiadas (Que não me telefonem até que o conto termine. Que a comida esfrie ou que o país sucumba). Neste ínterim, *Cachinhos Dourados* sai correndo pelo bosque ou *João e Maria* despertam aterrorizados em outro bosque. Enquanto durar a história, o tempo fica paralisado como na *Bela adormecida*. As rocas e os relógios e até o porco no espeto deixam de girar. Esse 'tempo outro', o tempo das histórias, ganha a batalha contra o tempo da vida real. O que mais se pode pedir? Que outra coisa é a leitura senão a revelação de que existe esse 'tempo outro', e que existe também, 'num país muito distante', um 'reino outro' onde somos amos e senhores, como o 'pequeno tirano' que mantém o pai cativo enquanto a história é contada?

A exploração desse mundo paralelo, onde as coisas nos falam de nós e dos outros numa linguagem cifrada, começa na primeiríssima infância e os pais são os 'livros de cabeceira': o primeiro texto que as crianças leem. Indaguem nos labirintos de sua memória mais antiga e, se não confiarem nela, procurem biografias alheias, testemunhos de escritores ou, inclusive, vidas de santos. Todos lhe dirão o mesmo. Que se esqueceram, talvez, do título da história ou que o tempo apagou também seus personagens e façanhas. Mas, entre a neblina, persiste inalterado o mesmo fascínio de haver vislumbrado aquele 'reino outro'. Talvez continuemos lendo para recuperar o encantamento das vozes que nos embalavam e espantavam a escuridão. E, paradoxalmente, também para o efeito contrário: o de evocar os medos terríveis que povoavam nossa infância e que era possível conjurar com palavras. (Os medos e os conjuros vão mudando com os anos, mas, no fundo, os fios que nos unem às palavras são os mesmos).

Portanto, a resposta à pergunta sobre o que ler com as crianças está inscrita no fundo dos pais e ninguém, além deles, pode responder de maneira mais certeira. Quando os bebês nascem, logo começamos a evocar aqueles 'livros sem páginas' que 'alguém escreveu' em nós há muito, muito tempo. Nos dedos de uma mão diminuta ou nas dobrinhas de bracinhos rechonchudos, as palavras primordiais revivem antigas histórias... 'Este, que comprou um ovinho, e este que o comeu. Outro que foi comprar carne e outro que amassou *arepitas*'.[1] E, na medida em que entregamos a nossos filhos esses primeiros poemas, descobrimos, assombrados, tudo aquilo que não sabíamos que sabíamos. Do fundo da memória emergem cantigas e acalantos, muitas vezes sem sentido. Pouco importa o que dizem: importa o que causam. (Voz, palavra, encantamento. Ritmo que embala e conforta). Que outra coisa, senão esta, é a experiência poética?

Junto aos 'livros sem páginas' surgem também outros livros. Suas páginas são de borracha para a hora do banho, ou de papelão resistente para ler com os dentes. As crianças comem os livros e vão, assim, provando o mundo. Os adultos, novamente, no rito de nomear, vão dizendo que, dentro dessas páginas, o mundo está condensado. 'Olhe que aqui está mamãe, e veja aqui o papai. Agora apareceu o avô. E esse gato que faz miau'. E assim, olha que te olha, olhando uma e outra vez, a criança tem outra grande descoberta: que aquele conjunto de linhas e de cores não é a 'realidade de verdade', mas, no espaço

---

1 Menção a um jogo que se faz com crianças muito pequenas nos países onde se fala castelhano, enquanto se pega cada um de seus dedos do pé ou da mão, começando pelo dedo menor. A versão mais difundida é: 'Este dedinho comprou um ovinho, este o cozinhou, este botou o sal, este o provou e este pícaro gordo, o comeu!'. [N.T.]

do livro, parece 'como se fosse', porque a representa. Que outra coisa é a leitura, senão essa operação simbólica de 'fazer de conta' que nessas convenções está simulado o mundo?

Pouco a pouco as histórias vão se tornando mais complexas. Os bebês saem correndo a explorar terras longínquas e já não lhes basta ver refletidos os objetos cotidianos. Então aparecem os 'livros-álbum', ou livros ilustrados, que contam a história valendo-se de um diálogo criativo entre imagens e palavras. Se no início o bebê lia com as orelhas e depois com a boca e as mãos, agora se debruça, todo olhos, para imaginar as infinitas formas que o mundo pode ter. (Não somente o mundo visível, mas sobretudo o outro: o invisível). Os livros-álbum abrem um novo universo para os filhos e para seus maravilhados pais, uma vez que, por mais leitores que sejam, os adultos descobrem outras formar de ler graças ao olhar sensível e lúcido com que os pequenos interpretam as imagens dos livros ilustrados, verdadeiros museus, abertos a mil interpretações e a qualquer hora,.

Assim os anos vão passando com o virar das páginas. Entre poemas, álbuns, contos, novelas e livros que revelam os segredos da ciência, da arte e do interior dos seres humanos, as crianças vão construindo, com todo material que damos a elas, esse 'quarto próprio' do qual – agora devo dizer – expulsarão seus pais. Disse-me certa mãe otimista que lia para sua filha com a intenção secreta de que no futuro, quando crescesse, ela continuasse a deixá-la entrar em seu quarto à noite para partilhar as conversas deliciosas que tinham a partir da leitura dos livros. Não quis decepcioná-la: naquela altura meus filhos tinham trancado suas portas e escondido as chaves. Já não liam, sozinhos, os livros que eu recomendara, e os autores clássicos e contemporâneos que havíamos lido juntos eram coisa do passado. Agora leem livros que eu desconheço ou que jurei nunca ler. Além disso, basta que lhes diga que já estão na idade de ler este ou aquele título para que me olhem por cima do ombro, com uma mistura de prepotência e pena, e façam outras escolhas, contrárias aos cânones: a liberdade do leitor!

Embora já tenha pensado muitas vezes que dar acesso aos livros às crianças pode ser como criar corvos[2], creio que aquela otimista mamãe tinha lá um pouco de razão. Talvez quando meus adolescentes

---

2 Referência ao ditado popular, presente em todo o contexto ibérico: 'Cria corvos e te arrancarão os olhos'. [N.T.]

abrirem de novo as portas de seus quartos, possamos reviver algumas temporadas naqueles 'reinos outros' que construímos juntos durante suas infâncias. (Eles sabem que estão ali). Por agora, me contento em recordar as noites eternas quando ficávamos pendurados, encantados, no fio de alguma história.

– Mamãe, leia outro conto... o último, por favor.

– Está bem. O último e nenhum a mais!

O tempo era então suspenso. (A roca deixava de fiar). O mais estranho é que jamais intuímos que algum dia aquilo tudo vai se acabar. E também é estranho como, ao mesmo tempo, sabemos que o encantamento persiste nesses quartos com chave. E permanece intacto, mesmo que se durma por cem anos.

Deixar que os filhos adolescentes leiam

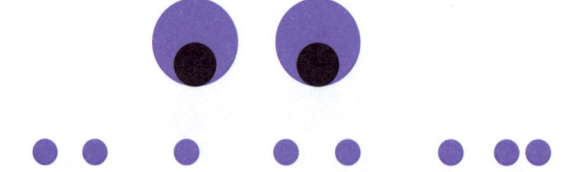

Que os filhos pareçam vir ao mundo com a tarefa de transformar em destroços nossas convicções mais profundas é coisa mais que sabida e provada pelas velhas frases feitas, como 'em casa de ferreiro...'. É o caso, por exemplo, de uma psicóloga especializada em transtornos alimentares que chorou rios de lágrimas quando sua própria filha recebeu diagnóstico de anorexia. Outra amiga, enfermeira, especializada em primeiros socorros, esteve para desmaiar quando seu filho rachou o queixo e foi seu marido advogado quem cuidou do curativo, perante o olhar estuporado da mãe, que sequer conseguia se lembrar de onde costumava guardar a gaze. Outro amigo, especialista em avaliação pedagógica, saiu devastado após a entrega do boletim de sua inquieta filhinha que cursa o primeiro ano e, faz pouco, um general com o peito cheio de medalhas contou, em uma entrevista, que seu único filho milita numa ONG dedicada a lutar contra os brinquedos que emulam armas. Assim, sucessivamente, os filhos vão se encarregando de colocar pontos de interrogação nas 'verdades absolutas' com as que costumamos ganhar a vida. A sabedoria popular e a experiência cotidiana parecem consolar-se naqueles terríveis paradoxos da relação entre pais e filhos, para afirmar que criar corvos é mais comum do que parece.

Eu, por exemplo, ganho a vida recomendando como e o que ler com as crianças para que elas se convertam em bons leitores, mas tive alguns tropeços na minha carreira graças a meu filho mais novo. Apesar de ter sido criado como uma 'cobaia'[1], com muitos bons livros desde sua mais tenra infância e eu haver lido para ele pontualmente todas as noites, foi o único de sua turma que não aprendeu a ler no Jardim da Infância. Como se quisesse pôr à prova a premissa materna segundo a qual 'a exposição aos livros incide na aprendizagem da leitura e escrita', ele me ensinou que toda regra tem suas exceções. Estive a ponto de abjurar de meus conhecimentos no pátio de um colégio e precisei ir e voltar ao assunto até elaborar aquela premissa inicial. Meu filho teve

---

1 No original 'porquinho da índia'. [N.E.].

seu tempo para aprender o 'truque' da alfabetização
– quer dizer, de como cada fonema correspondia a
um grafema – mas, num ato de teimosia, eu decidi
continuar lendo para ele noite após noite, como fiel
Sherezade, em vez de acatar as recomendações escolares que exigiam colocá-lo para treinar, sem ajuda,
a leitura de frases com combinações insossas do tipo
'Suse pisou no meu urso'.[2]

Foi um tempo maravilhoso, mas isso eu só posso compreender agora, com o passar dos anos. Num ato de desobediência pedagógica, partilhei com meu preguiçoso leitor os autores prediletos e fui lendo para ele tudo o que caiu em nossas mãos. Desfrutamos, um a um, os livros de Roald Dahl; seguimos com Harry Potter – que ele gostou mais do que eu – até que uma noite, para minha surpresa, quando me dei por vencida, já com a garganta seca depois de ler para ele o primeiro capítulo de *O senhor dos anéis*,[3] meu filho arrebatou o livro das minhas mãos e me expulsou de seu quarto. Ele tinha descoberto naquele tempo, creio que estava no terceiro ano, que não dependia de mim

---

2 No original: 'Susi pisó a mi oso'. [N.T.]

3 Obra do escritor britânico J.R.R. Tolkien (1892-1973), publicada no Brasil pela Editora Martins Fontes. [N.T.]

para seguir a aventura em seu próprio ritmo. Pulando todos os passos e sem queimar as etapas leitoras que tanto eu documentei, ele passou da leitura de imagens e da escuta de meus relatos para a obra completa de Tolkien e depois seguiu com *Fronteiras do universo*[4], uma inquietante e complexíssima trilogia de Philip Pullman.

Naquela altura, minhas premissas eram menos contundentes. Já me centrava nos 'aspectos qualitativos' da leitura com as crianças e, baseada em minha própria experiência, arriscava outras hipóteses: que não importava quanto tempo uma criança necessitava para se lançar a ler sozinha, que os ritmos da alfabetização inicial eram imprevisíveis e variavam de uma criança para outra, mas que era preciso que se continuasse a ler em voz alta para elas pelo tempo que fosse necessário, sem transformar a leitura num problema. Que, a não ser que se detectasse algum problema sério de aprendizagem, cedo ou tarde, as crianças começariam a ler sozinhas. Desde esse tempo confirmei que o único trabalho indelegável que os pais deveriam ter nas etapas próximas da alfabetização inicial era manter intacto o desejo das crianças e defender a qualquer

---

4 *His dark materials*, trilogia do britânico Philip Pullman, publicada no Reino Unido entre 1995 e 2000; no Brasil pela Editora Objetiva. [N.T.]

custo seu direito de escutar – ou de ler junto – uma boa história. Haveria tempo para descobrir a intrincada relação entre os fonemas e os grafemas e todos os outros caprichos da linguagem. Em troca, a experiência literária desfrutada e compartilhada nos tempos de infância, esta sim, era insubstituível.

Com o passar do tempo e das folhas, a premissa continuou variando. Meu filho abandonou subitamente sua paixão pela literatura e se concentrou na História. Devorou uma enciclopédia de muitos volumes sobre as duas guerras mundiais e depois comprou, com sua mesada, uma biografia de Hitler. Por isso, quando estava no quinto ano, me chamaram ao colégio para alertar-me do fato: o menino era excelente leitor, mas 'sabia demais' sobre os nazistas e citava suas leituras para criar controvérsias. Pensei então que o 'cria corvos' estava me rondando. Tentei ser coerente com as teorias que defendo sobre a liberdade do leitor, e ainda que não me fosse fácil alimentar a biblioteca de um especialista em conflitos bélicos, tive de deixar de lado meu prurido pacifista para tratar de orientá-lo ou, pelo menos, manter um diálogo aberto com ele. Consolava-me a mim mesma dizendo que seria o cúmulo proibir meu próprio filho de ler, depois de trabalhar tantos anos promovendo a importância da leitura. (Teria de abjurar de novo?). Como se isso fosse pouco, a mãe de seu melhor amigo me contou, muito agradecida, que seu filho 'por fim estava lendo um livro', graças à recomendação do meu. *Los más malos de la Historia*[5] era o título em questão e a senhora acreditava que se tratava de um desses livros que eu recomendava em minhas listas. Não escondeu sua decepção quando lhe confessei que meu filho o havia comprado com seu próprio dinheiro numa feira de livros e que já não obedecia a meus cânones literários.

Não sei se para minha tranquilidade, o rapazinho deixou os livros e os substituiu por jogos virtuais. Enquanto se transformava num enorme adolescente, ele declarou, como era previsível, uma guerra total à leitura. Seus interesses bélicos passaram por todas as versões computadorizadas de *Age of empires*[6] e outras batalhas desse tipo, e foram se complementando com a música de *Mago de Oz*[7] e de outros grupos dos quais já não me lembro.

---

5 Tradução livre: Os mais malvados da História, de Miranda Twiss.

6 *Age os empires* é uma série de jogos eletrônicos de estratégia que começaram a ser comercializados nos EUA em 1997. [N.T.]

7 *Mago de Oz* é uma banda espanhola de Folk Metal, formada em 1989. [N.T.]

Assim, vestido de preto dos pés à cabeça, chegaram as férias de fim de ano e saímos em viagem, levando esse zumbi cabeludo – um absoluto desconhecido de catorze anos – no banco traseiro do carro. Conectado a seus fones de ouvido e sem sequer nos dirigir a palavra, só grunhiu um par de vezes sua frase recorrente: 'o que vamos comer hoje?'.

O passeio era para uma casa de campo no meio do nada, próximo a um vilarejo onde, segundo palavras textuais de meus filhos 'ainda não se havia inventado a roda'. Nem televisão havia, que dirá internet e, a bem da verdade, não tínhamos nada para fazer a não ser dormir, ler, passear ou contemplar a paisagem, o que era uma maravilha para os pais e uma completa tortura para um par de adolescentes. Ligado em seus fones de ouvido e enfatizando sua cara de aborrecimento, o rapaz perambulava como alma penada por aquela casa emprestada. Foi então que encontrou, como quem descobre um tesouro, uma prateleira coberta por lençóis. Era uma dessas bibliotecas de campo que se enche por acaso com os livros que, ao longo dos anos, vão sendo esquecidos por seus donos. Havia coleções completas, dessas compradas por metros: biblioteca de autores colombianos, clássicos da literatura universal, fascículos de coleções vendidas em bancas de jornais sobre isto e aquilo – pesca, fotografia, cultivo de verduras hidropônicas – e, como é usual em tantas casas de campo, uma coleção completa das obras de Daniel Samper Pizano.[8] (Esquecia de dizer que meu filho, naquela altura convicto 'não leitor', devorava, de cabo a rabo, o jornal do dia).

Não sei com qual livro começou, pois não recordo em qual dos volumes foi publicado um perfil escrito por Samper, há mais de vinte anos, sobre 'como reconhecer um arquiteto'. O certo é que os dois filhos riram às gargalhadas ao constatar que, vinte anos mais tarde, o pai deles, que é arquiteto, cumpria todos os requisitos do "clube", incluídas as botas de camurça e o ódio às gravatas. E, como para caçoar não há quem ganhe dele, o rapaz se identificou com Samper e seguiu lendo suas colunas, com quase vinte anos de atraso. Começou com *Dejemonos de vainas*[9] e seguiu com a compilação de crônicas e reportagens de modo que, durante três longos dias, não voltou a levantar a cabeça, a não ser para dizer sua frase recorrente: 'o

---

8 Daniel Samper Pizano é um escritor, advogado e jornalista colombiano, nascido em 1945. No Brasil, tem apenas um de seus livros publicado, o romance *Impávido colosso* (Rio de Janeiro: Record, 2006). [N.T.]

9 Sem edição no Brasil, reunião de crônicas de Samper Pizano, publicadas em caderno do Jornal El Tiempo, e que deu origem ao seriado televisivo, de mesmo nome, durante 15 anos. [N.E.]

que vamos comer hoje?', ou para citar apartes – em tom de escárnio, obviamente – do que estava lendo.

Ligado nos fones e nos livros de Samper, perdemos o rapaz completamente. Não quis passear e tivemos de proibir que lesse à mesa na hora das refeições. Também precisamos estabelecer um horário limite para que apagasse sua luminária de mesa, porque era impossível dormir no quarto ao lado com suas gargalhadas espasmódicas. Pouco a pouco, *entre chiste y chanza*[10], ele foi saindo de seu mutismo com a finalidade de sanar algumas lacunas históricas, indispensáveis para prosseguir a leitura de seu autor de cabeceira: quem tinha sido Goyeneche e como a espada de Bolívar tinha sido roubada e, entre uma coisa e outra, passamos três dias deliciosos, tecendo entrelinhas de 'oh, que tempos aqueles!'. Para o filho eram fatos históricos e para os nostálgicos pais – por fim elevados à categoria de gente interessante – eram a vida real. Talvez graças a esses livros, meu filho teve a revelação de que seus pais, antes de serem simplesmente pais, tinham sido 'gente' e haviam tido uma vida própria.

---

10 Ditado popular presente em vários países de origem ibérica: 'Entre chiste y chanza la verdad nos alcanza' ('Entre piada e caçoada a verdade é revelada'). [N.T.]

Depois de ler seus livros de crônicas jornalísticas, meu filho se tornou um especialista em Colômbia que também discorria com enorme propriedade sobre temas tão distintos, como a Guerra do Golfo Pérsico, o problema do petróleo, o pai de George Bush e outras notícias de atualidade nacional e estrangeira, com alguns anos de atraso. Depois, como já não queria parar de ler, pulou para *Drácula*[11], um dos títulos da coleção Clássicos da Literatura Universal que encontrou naquela casa. Sua leitura coincidiu com uns dias de mudança climática em que fomos surpreendidos por uma frente fria. Enquanto o vento golpeava as janelas da casa e os relâmpagos iluminavam a sala, meu filho, o valente, se sentava na poltrona lateral, a uma prudente distância nossa, para devorar *Drácula*. 'Não está com medo?', perguntei numa dessas noites e ele me respondeu, furioso, como era possível que ficasse com medo 'dessa coisa'. Terminou justo a tempo da última noite passada no campo e voltou ao apartamento com 'síndrome de abstinência' diretamente para o computador. Não se mexeu dali nem voltou a tocar num livro – salvo os que 'precisa ler para o colégio', segundo suas próprias palavras – e já havia se passado mais de um mês.

11 Clássico do escritor irlandês Bram Stoker (1847-1912). [N.T.]

A verdade é que não sei se me importa quanto tempo transcorra até seu próximo livro: meu filho é leitor compulsivo ainda que o negue mais vezes do que Pedro negou Jesus. No domingo, por exemplo, foi à casa dos avós e, para começar uma conversa, seu avô perguntou se estava lendo algum livro. Ele respondeu de imediato com um monossilábico 'não'. Não gosta mais de ler? voltou a insistir o avô, e o rapaz repetiu, ainda mais enfático, a simples palavra 'não'. Para não decepcionar meu pai – em casa de ferreiro, já sabem, não é? – contei-lhe que meu filho havia lido *Drácula* nas férias e omiti os outros livros ao ver a cara que ele fazia. O avô lhe disse que, depois de *Drácula*, podia continuar com outro clássico, talvez algo de Stevenson ou de Chesterton, e dali saltou ao Quixote, que ele mesmo havia descoberto "assim, de rapaz, na sua idade mesmo". Meu pai aconselhou meus filhos que lessem Quixote, mas sem levá-lo a sério, porque Quixote era um livro para se morrer de tanto rir. Então minha filha, já mais civilizada, começou a recordar o episódio da venda. Enquanto neta e avô gargalhavam, meu filho, todo de preto, com sua cara imperscrutável, parecia indiferente a tudo. Mas, em sua vida secreta, percebi que entendia nas entrelinhas o que evocava o avô: a experiência inesquecível de nos encontrarmos com um livro. Eu me atrevo a pensar que, durante esses anos adolescentes nos quais não se aceitam conselhos, ele conserva os sedimentos da experiência leitora: saber como era o mundo antes de nascermos, rirmos às gargalhadas ou tremer à meia-noite, mesmo nos fazendo de valentes...

Durante essa conversa, na casa dos avós, me veio à cabeça uma frase de meu pai: "leia tudo o que lhe cair nas mãos". Eu tinha catorze anos – a mesma idade de meu filho – e lia Corín Tellado e escondia debaixo dos lençóis um exemplar do *Bom dia, tristeza*[12] de Sagan, que uma amiga havia me emprestado. "Leia de tudo, sem filtro: leia o que a agradar, assim você irá formando um critério", me disse ele, mas também sinalizou alguns livros que havia lido em sua juventude (Gide, Hesse e seu bem-amado Chesterton). Nisso – e não nos consentimentos ou nos horários de festas – meu pai foi avançado. Deixava que eu fosse onde me desse vontade: onde me levavam minhas leituras. E confiava em meu critério, ainda que eu não lhe desse muitos motivos... Pouco a pouco, misturando ensaio e erro e sem prescindir de sua ajuda ou de outros leitores especializados,

---

12 *Bonjour tristesse*, romance de 1954 da escritora francesa Françoise Sagan (1935-2004). A edição brasileira mais recente é de 2017, na coleção Folha Mulheres na Literatura. [N.T.]

os livros indispensáveis foram me caindo nas mãos. Quais são estes livros? Foram mudando com o tempo. Como posso saber então quais são os dos outros?

Depende de muitas coisas: de uma prateleira coberta por lençóis, do grau de aborrecimento, de uma noite de tempestade, de um amigo, de algum namorado, de um ato de rebeldia, da sorte ou das dúvidas. Quem pode saber qual será esse livro que fará reviver num adolescente, ou talvez até quando se tenha netos, essa experiência maravilhosa do encontro com um livro?

Conversas de vida: os olhos brilhantes de minha filha e de seu avô, saltando gerações para reunir-se e rir-se e encontrar-se, momentaneamente, num episódio de Quixote. As gargalhadas de meu filho, salvo do tédio por um livro, no meio do nada. É isso, é um gesto. Quando todas as teorias e todos os títulos e todas as recomendações começam a se apagar, resta talvez esse gesto que alguns leitores associaram com 'uma forma de felicidade'. Essas longas férias: refugiados, ou seria melhor dizer, salvos, nas páginas de um livro.[13]

---

13 Na data da primeira publicação deste livro (2016), meu filho era professor de Literatura numa escola de Ensino Médio. Ainda que não pudesse vaticinar isso enquanto escrevia esse artigo, quando ele se graduou no colégio, escolheu a carreira de Literatura. [Nota da Autora]

Que todos os sotaques cheguem às crianças

Trago em minha voz as vozes dos outros: os sotaques que circulam por meu sangue e o registro do lugar de onde venho. O que sou, o que não sou, o que cantei e o que dancei – sem nunca perder o rebolado[1]. O sabor das comidas e a cor das paisagens, a fusão da História e da Geografia, as aulas de gramática, o que nunca me disseram, os costumes e os jogos, as palavras proibidas, a cartilha do primeiro ano primário, as avós, o país, os sobrenomes e os nomes dos vivos e dos mortos. Esta língua que herdei e que inauguro a cada dia é patrimônio comum e território pessoal. Esta língua que reinvento e que me reinventa. A que enlaça os que estão aos que já se foram. A que estava antes e estará depois de mim.

Se somos mesmo o que falamos, se é verdade que somos feitos não apenas de carne e osso, mas tam-

---

1 No original "Quién nos quita lo bailado", expressão sem tradução equivalente, corresponde a desfrutar a vida, viver o momento, sem temer as consequências. [N.E.]

bém de símbolo – 'e o verbo se fez carne' –, valeria a pena abrir o mundo das crianças a todos os sotaques que transportam a infinita diversidade do que somos, sem 'traduzir' de uma variante do castelhano para outra: a que se fala na Colômbia para a que se fala no México, ou da que se fala na Argentina para o castelhano peninsular, como sugerem professores e editores de livros infantis, com a finalidade de facilitar a 'compreensão' de nossos jovens leitores. Lembro-me, quando era bem pequena, de palavras que transportavam ecos de reinos muito distantes. (Aquele rei que tinha 'um quiosque de malaquita e um grande manto de brocado'). Lembro-me também do sabor dos biscoitos de gengibre, do cheiro das castanhas assadas no inverno, da polenta que comiam os personagens de algum conto italiano e muitas outras sensações que só pude provar nas páginas de um livro. Ainda evoco a emoção nas palavras de Sherezade que me levavam a habitar mundos possíveis, para além das estreitas fronteiras de minha casa. Como nos jogos da infância, as palavras eram essa comida invisível que me servia em tacinhas de mentira para saciar a sede de imaginar.

"Eu a ensinei como dizer *camarón com chipi chipi*,

chévere, zapote[2] e outras coisas que não posso repetir. Ela me ensinou a beijar", diz Santiago, um menino colombiano de onze anos que se apaixonou por uma sueca chamada Frida durante as férias dela em Cartagena. Santiago é o protagonista de um dos contos de *O terror do 6º B e outras histórias*[3] e me sugeriram que incluísse um glossário para os outros países onde as crianças leem os meus livros e partilham da língua em que eu escrevo. Assim, tenho colecionado adaptações dos distintos países para onde minhas histórias viajam e confesso que às vezes me custa reconhecer esses personagens que engendrei, palavra por palavra, e que foram ganhando vida, lentamente, durante o processo de busca até encontrar sua maneira própria de se expressar, sua voz particular. Então penso que seria necessário também traduzir Macondo e Comala[4], a cachaça e as maracás. E também o ritmo do samba

---

2 *Chipi chipi*: pequeno molusco comestível; *chévere*: expressão equivalente a legal, "beleza", "maravilha"; *zapote*: frutos tropicais provenientes da América Central encontrados também no norte do Brasil, com o nome de sapoti. [N.E.]

3 Publicado no Brasil pela Editora FTD, em 2014 [N.T.]

4 Macondo, cidade imaginada por Gabriel Garcia Marquez em *Cem anos de solidão;* Comala, cidade imaginada por Juán Rulfo em *Pedro Páramo* (há uma cidade real no México, chamada Comala). [N.T.]

e do merengue e o sabor das *melcochas*[5] e o duende dos *bailaores*[6] andaluzes e o murmúrio das águas nos jardins do palácio de Alhambra.

Daria tudo o que tenho para recuperar a voz de minha avó: 'Era uma vez um rei que era sumamente poderoso'. *Sumamente.* Cada vez que alguém pronuncia essa palavra – ainda usada pelos mais velhos nos vilarejos da Colômbia e, de vez em quando, por meus idosos mais queridos – sou devolvida aos tempos nos quais as palavras estreavam o mundo e o batizavam com nomes nunca ditos antes: *saraça*,[7] tule, brocado, organdi. Diariamente nos vestíamos com tecidos diferentes dos que usavam as princesas dos palácios *suntuosos* – minha avó falava isso também – mas no começo era o verbo e entendíamos. Eu entendia também quando minha avó chamava *condiscípulos* a seus colegas de escola e *asuetos* às férias de sua infância e *alberca* à piscina... e então, naquelas ocasiões, acontecia o que parecia impossível: as rugas de seu rosto desapareciam e eu via uma menina a me falar no idioma de sua infância.

---

5 Doce feito com mel e apresentado na forma de bala ou bastão. [N.T.]

6 Dançarinos. [N.T.]

7 Tecido fino de algodão tipo indiano. [N.T.]

A língua: esse lugar de encontro, onde convivem as vozes e as histórias dos outros. (Dos que vivem longe, dos que já se foram, dos que estão aqui, dos que ainda não foram). Escrevê-la e com ela falar é como me encontrar com todos nessa linha do tempo flutuante e invisível que existe para além de cada um e que nos pertence agora sem que seja estritamente de ninguém. Deveria ser permitido às crianças que participassem dessa conversa a tantas vozes, sem tradução nem fronteiras. Temos ainda esse salvo-conduto para apagar as hierarquias e as alfândegas que pretendem nos impor. A língua: talvez o único território da liberdade, da imaginação, do possível que nos resta.

Escrever os buracos negros*

* Este capítulo apresenta alguns excertos, atualizados e revisados pela autora, presentes no texto "Escrever para jovens na Colômbia", do livro *Ler e brincar, tecer e cantar – Literatura, escrita e educação* (2012), desta coleção.

I. UM QUARTO ILUMINADO PELA TELEVISÃO

Faz muitos, mas muitos anos, 18 de agosto de 1989 para sermos exatos. Estou trocando fraldas e a programação é interrompida para mostrar o assassinato de Luis Carlos Galán[1], ao vivo, diretamente de Soacha. Vejo a rústica plataforma de madeira daquela praça e o vejo em seguida: os braços erguidos e seu gesto, talvez o último consciente, e então aquela confusão: creio que ele caiu e houve tumulto e gritos – me lembro muito dos gritos – e levantam o corpo na sequência e o carregam deitado, vulnerável. Não sei o motivo, mas a imagem dos sapatos de Galán ficaram gravadas às toalhinhas umedecidas na mesa de

---

1 Luis Carlos Galán (1943-1989), advogado, jornalista e político colombiano. Foi por duas vezes candidato à Presidência da República, em 1982 e 1989. [N.T.]

cabeceira do meu quarto. Lembro-me também da sequência em câmera lenta, congelada, a se repetir em todos os noticiários: talvez já faça parte de nosso imaginário, assim como o instante em que um avião rompe as Torres Gêmeas e logo chega outro e zás... todo o mundo assistiu, mas ninguém pode fazer nada.

Faz parte de nossa coleção particular de imagens testemunharmos o instante que dividirá a história em antes e depois; naquilo que é e já não é (nunca jamais). A vida e a morte, que costumam parecer tão distantes da rotina cotidiana, de repente, via satélite, se tornam unidas por um fiozinho tênue que se rompe. Num instante vida e no seguinte, morte: cara ou coroa, sem passos intermediários. A câmera repete insanamente e ressuscita o morto para matá-lo uma e outra vez e, ainda que saibamos que está morto, a imagem retrocede no tempo – este que já não voltará – e vemos o morto movendo-se como sempre, com a inocência de não saber nem pressentir o que vai acontecer com ele "em instantes", como costumam dizer os repórteres de televisão. De nossos respectivos quartos, nos tornamos testemunhas atônitas, ao mesmo tempo impotentes e culpados, desse "em instantes" que separa a vida da morte. Um instante que antes era íntimo: na verdade, morrer era um tabu e disso não se falava, mas hoje se tornou um assunto habitual para congelar e repetir 'ao vivo'.

Talvez tenha sido a constatação da proximidade entre os dois extremos, vida e morte, a que me fez tremer de medo na noite do assassinato de Galán. Na penumbra de um apartamento iluminado pelo televisor, junto a um bebê movendo as pernas e os braços – por acaso há alguma imagem mais óbvia da vida? – meus olhos oscilavam entre esses dois extremos: o quarto e aquele a quem chamamos genericamente de 'o país'. E dentro de mim, num lugar incerto, quase entre as costelas, senti um medo – como chamá-lo –, existencial. Imagino que o nome soe pretensioso, mas dá conta de uma sensação até o momento inédita de vulnerabilidade, de sentir que nos pesam o mundo e o país e *as forças ocultas* – ou como queira que se chamem –, e o acaso e o destino e o futuro e tudo o que, para além da penumbra do quarto protegido, sabemos que nos é impossível controlar. É uma mistura de impotência e responsabilidade que, creio, só sentimos com o nascimento dos filhos; sim, já sei que parece frase feita. Esse medo em corpo alheio e ao mesmo tempo em carne viva por não saber o que os espera. E de repente volto a ouvir, 1989, pensando em *off* todas aquelas frases batidas e pouco originais que tantas vezes havia jurado não pronunciar e que me faziam sentir como herdeira de um mau roteiro, de um lugar comum, quase ao estilo de *O direito de nascer*.[2] Lembro-me de ter pensado no país que esperava aquela criança e na frase lapidar que inevitavelmente acompanha o roteiro: 'Por que eu a trouxe ao mundo?'.

Não quero dizer que o medo da morte esteve ausente de minha vida. Penso que todos nós, rebobinando o filme da existência, podemos encontrá-lo agachado desde a mais tenra infância. Primeiro alguma imagem talvez nos surpreenda, ao mesmo tempo culpável e angustiante, de que alguém morra: os pais. Mais tarde, apesar da ilusão de que tudo está por se fazer, da sensação de eternidade e da invulnerabilidade que faz parte da juventude e nos impulsiona a cometer todo o tipo de loucuras, esporadicamente aparece o fantasma da morte de um amigo, e pensamos que também *poderia* – e note-se o condicional – acontecer conosco. De alguma maneira, o processo de nos tornarmos gente grande aumenta as probabilidades e altera o modo condicional para o simples

---

2 Originalmente *El derecho de nacer*, foi uma radionovela cubana escrita por Félix B. Caignet, transmitida pela primeira vez em 1948. Recebeu dezenas de adaptações para rádio e televisão em vários países desde então. [N.T.]

pode, aplicado, ainda, às pessoas em geral. Depois evolui até o *podemos*, plural mais inclusivo – mas o 'nós' implicado no tempo do verbo ainda é muita gente – até que um dia chegamos à primeira pessoa e conjugamos *posso*, no singular. Mesmo assim, acredito que a sensação inédita que tive naquela noite de 1989 só é experimentada, digamos naturalmente, quando uma pessoa se sente responsável por outra vida. Então o medo do *posso* adquire o horror de ter de abandoná-los e de necessitar viver para cuidar deles. Sucessivamente o sentimento segue evoluindo; enquanto os filhos crescem e deixam de precisar de nós, começamos a conjugar o medo e associá-lo a eles: o pânico inominável de que alguma coisa possa lhes acontecer.

Sem dúvida, viver em um país onde o conflito armado fez com que a morte e a vida convivessem com essa familiaridade tão habitual para nós, aumenta o medo do *posso* e passa a integrar a coleção particular de imagens que todos nós, artistas, escritores, educadores – ou qualquer pessoa –, vamos acumulando. Não posso ser como uma sueca ou uma australiana, nem como gente nem como mãe nem como escritora, por ser deste lugar onde minhas referências e minha história se entrecruzam com o medo.

Como muitos colombianos de minha geração, sou filha do Estado de Sítio, neta da Violência e bisneta da Guerra dos Mil Dias. Fui aluna entre a tomada da Embaixada da República Dominicana, o Estatuto de Segurança e o incêndio do Palácio de Justiça. Minha prática profissional se situa entre o assassinato de Guillermo Cano, as bombas de Pablo Escobar, o extermínio da União Patriótica e os massacres de Urabá. As datas de nascimento de meus filhos, já contei, estão ligadas à morte de Galán, à de Pardo Leal, à de Pizarro e à de tantos outros. Criei meus filhos e os alheios entre o fogo cruzado da guerrilha e dos milicianos, entre os moradores em situação de rua que pediam nos semáforos, entre a incerteza de não saber como dizer, como dar conta do horror, como explicar cada notícia que os afeta. Porém, mais de vinte anos se passaram e tudo continua igual. Quantos anos mais teremos de esperar? Quantas gerações: até quando?

II. UMA PROFESSORA DE LITERATURA PERDIDA NUMA BIBLIOTECA

No meu papel de professora de crianças bem pequenas, já tive de explicar a uma garotinha de dois anos o sequestro de seu papai: 'Está num lugar de onde não consegue voltar, não é que tenha abandonado você, não é que não a ame, é que uns senhores não o deixam sair de onde está'. 'Por que não o deixam sair? Esses senhores são maus?'. Acompanhei outra família, durante vários anos, explicava para as filhas que seu pai estava perdido (perdido na terra, dizia a menor que quase não se lembrava dele, porque seu pai desaparecera quando ela era ainda um bebê), e na sequência tivemos de ajudá-las a entender, numa linguagem compreensível – por acaso existe uma linguagem compreensível? – que finalmente o pai apareceu, mas que estava morto e não haveria caixão no funeral simbólico, porque não queriam entregar o corpo. Tive de escrever também um obituário compreensível (compreensível?) para as crianças de uma creche, em memória de sua colega de quatro anos, que morreu num atentado terrorista. O texto se chamava 'As pastas de Mariana' e começava com uma frase que recolhi de seus amigos: 'Mariana morreu, mas lembramos dela em nosso coração'. Naqueles dias, quando 'a terra fez *bum*', segundo as palavras daquelas crianças aturdidas pela bomba, elas evocaram os brinquedos e as pastas de sua amiga.

Ainda naqueles dias, tive de recomendar, no meio

do estupor, um livro para que um irmão de doze anos lesse, em um Centro de Cuidados Intensivos, para sua irmã que se debatia entre a vida e a morte, ainda sem aceitar que seus pais e sua outra irmãzinha haviam morrido no atentado. Por acaso existe um livro para se ler em um Centro de Cuidados Intensivo para uma menina que acaba de ter sua infância encerrada com um *bum*? Por acaso a literatura cura o que a realidade ceifou num golpe? Depois de pensar muito, mandei para ele, como quem empacota uma maleta de primeiros socorros com compressas para um câncer, *O pássaro da alma*[3]. E agi incrédula e anestesiada, sem querer e sem crer. Depois me contaram que, naquela sala asséptica de cuidados intensivos, entre assobios de máquinas, entrou o irmão com seu livro, se sentou na cadeira, cumprimentou a irmã e, como ela não queria saber de ninguém nem de nada, ele começou a ler: 'Fundo, muito fundo dentro do corpo, habita a alma. Nunca ninguém a viu, mas todos sabem que existe. E não somente sabem que existe, sabem também o que há em seu interior'. As palavras, essas palavras que não podiam remediar

---

3 *O pássaro da alma*, da escritora israelense Michal Snunit. Foi editado no Brasil pela Editora Fundamento e se encontra esgotado. [N.T.]

o irremediável, se mesclaram com o assobio artificial da máquina e com a imagem daquele coração que pulsava na tela. A voz humana, a voz amada, havia tomado aquele cubículo e criado uma conexão de coração a coração que o monitor não conseguiu captar, enquanto o irmão continuava lendo para sua irmã.

Assim sigo evocando cenas nesse jardim de Espantapájaros[4] onde, supostamente, vamos todos os dias para brincar. Um ano depois tivemos de reconstruir, juntando desenhos infantis de sóis, de paisagens, de serpentes e de panteras, um livro sobre a África, do projeto semestral, que estava incompleto e que as crianças de quatro anos decidiram deixar pronto para presentear sua professora quando ela fosse libertada do cativeiro onde se encontrava, por sequestro. Ter de contar-lhes que a professora não veio dar aulas porque uns senhores não a deixaram vir: a mesma história, sempre inédita; as mesmas palavras presas na garganta, sem sentido, no meio do recreio e das sopinhas de limão que preparávamos em potes de mentira. E ouvir uma vez mais as frases das crianças:

---

4 Instituto Espantapájaros, dirigido por Yolanda Reyes, na Colômbia: https://espantapajaros.com. [N.T.]

'vamos resgatá-la com nossas espadas de brinquedo e *pum*, matamos os malvados'.

III. NO ESTÚDIO DE ESCRITURA

Tenho escrito colunas no jornal – às vezes penso que estou condenada a escrever a mesma coluna, mudando nomes, simplesmente – sobre as crianças de Pueblo Rico, sobre as de Bojayá, sobre as de El Salado e El Nogal e tantas outras. Sou autora do livro *Os buracos negros*,[5] inspirado na história de Mario e Elsa, pesquisadores do Cinep[6], em que desejei preencher lacunas para dar sentido às perguntas de um menino de dois anos, colocado a salvo dentro de um armário por sua mãe em seus últimos instantes de vida.

Não que me propusesse nem que estivesse me preparado para saber o que responder; nem mesmo que um dia tenha decidido me associar à corrente que os críticos e escritores costumavam chamar de 'literatura

---

5 No original, *Los agujeros negros*. Publicado no Brasil pela Editora Mercuryo Jovem. [N.T.]

6 Cinep, Centro de investigación y educación popular, Colômbia: https://www.cinep.org.co/Home2/. [N.E.]

engajada'. Na realidade, nunca soube o que dizer, nem o que ler, nem o que escrever em casos como esses – ninguém sabe – e me coube, como a todo mundo, 'fazer das tripas coração' e me conformar com o que simplesmente posso fazer. Mas também todas essas coisas são parte do filme sem edição a que recorro quando escrevo e que está ligado à minha história e aos meus gestos. ('As colombianas se reconhecem de longe pelo jeito que agarram a bolsa', me disse um amigo em Buenos Aires, e eu completei para ele a imagem: 'e também pelo jeito com que agarramos nossas crianças para que não se percam e ninguém as roube. Para que não matem nossos filhos'). O medo e a desconfiança, como negar, são parte de nossa carga genética.

Nessa espécie de caixa de costura a que recorro quando escrevo se misturam, em doses diferentes, a riso e lágrimas, a apego, susto e esperança e também, preciso dizer, a toda a gama de sensações de vida cotidiana, pois a maioria dos dias da vida são comuns e sem novidade, ainda que estejamos no meio de uma guerra. Talvez seja isso o que faz a literatura: dar conta da particularidade humana, do que se estende entre os dois extremos: vida e morte. O que interessa, ao escrever e ao ler literatura, é aquele ponto no qual o conflito armado ou o país ou as *forças ocultas* ou as balas – de onde quer que venham, matam igualmente –, se cruzam com o que as notícias não contam. Essa matéria do que é humano contada por uma voz humana, por uma voz particular, que sente e fala e nomeia o que tantas vezes, no rumor da vida cotidiana, sequer nos atrevemos a dizer.

O processo de criação literária escapa a toda lógica. Vai-se acumulando imagens à espera que se sedimentem. E os sapatos de Galán se misturam com a névoa de Sumapaz e com minhas tardes tranquilas refugiada na escrita e com as mãos de um bebê que não sabe onde vive e com o humor negro e com a música que toca e com os livros que li e com a risada de Elsa Alvarado – a quem não conheci, mas que imaginei enquanto trabalhava e chorava as palavras, tentando revivê-la; e com a maneira tão apreensiva como nós, as colombianas, agarramos a bolsa e com o romance que escrevo no momento e que não tem nada a ver com essa guerra eterna. Ou talvez tenha, claro que tem... Tudo tem a ver com tudo.

Coda:[1] uma garota que foi... e que ainda é

---

1 *Coda* é um termo musical que quer dizer 'cauda' e costuma indicar o retorno de um mesmo trecho musical com que, em geral, se encerra uma peça. [N.T.]

Então vem à memória uma imagem de minha infância. Os adultos falam em voz baixa: as crianças para fora, as crianças vão brincar... Na sequência chega outra: tenho dez anos, estou comendo sorvete com meus irmãos numa sorveteria deserta, porque é segunda-feira, ainda que não nos tenham mandado para o colégio. A melhor amiga de minha mãe se encarregou de nos distrair durante o dia todo, enquanto as outras pessoas choram num enterro. Não quero estar onde estou; eu também estou triste e tenho direito à tristeza, mas para 'nosso bem', como dizem, para nos evitar sofrimentos, decidiram inventar, nesta segunda-feira triste, um domingo artificial. Violeta era o nome da amiga de minha mãe. Violeta se chama também a melhor amiga de Juan, o protagonista de *Os buracos negros*, que em uma noite pergunta à sua avó o que aconteceu naquela noite, quando sua mãe o havia deixado trancado naquele armário e para nunca mais voltar. A arte e a literatura, sabe-se lá como, à maneira do que ocorre nos sonhos, se encarregam de unir o geral ao particular: o meu com o seu e com o nosso e com tudo mais.

Ler, criar, de certa forma, nos devolve essa ilusão, a mesma que as crianças têm quando jogam, de rebobinar os fatos e misturá-los e reinventá-los a cada vez. Os que eu tenho guardado talvez ajudem a explicar por que não saltam coelhinhos brancos das páginas que escrevo para crianças nem nos livros que leio para elas. Talvez eu fale com elas como eu desejaria que falassem comigo no passado ou, talvez, elas e eu tenhamos perdido a inocência, não sei.

Nomear o medo e a esperança. Colocar palavras onde há rosas e também onde há espinhos. Darmo-nos ao luxo de dizer, como o meu Juan: 'vó, tenho medo'.

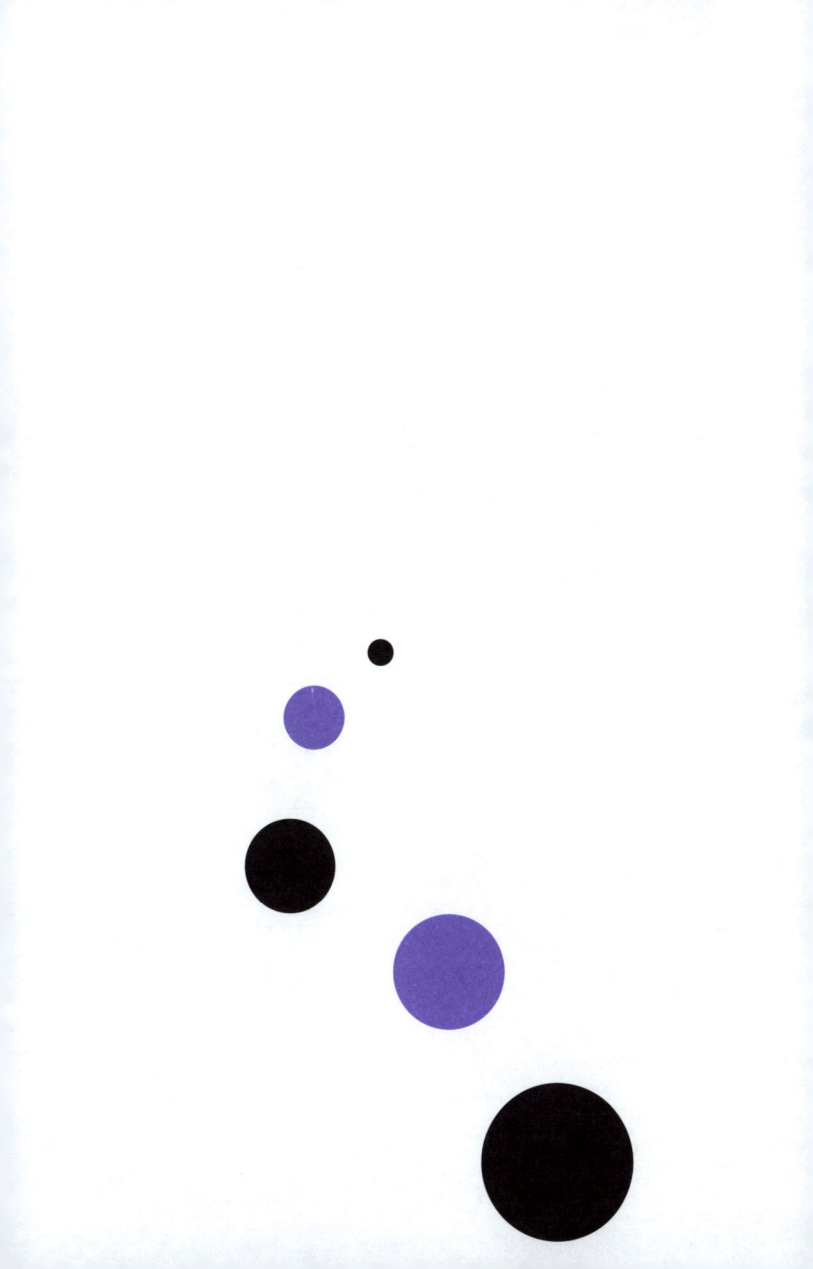

A luz da escuridão

I

'Eu perdi o medo da dor das crianças', me surpreendi enquanto me ouvia dizer esta frase para um grupo de líderes comunitários, em uma biblioteca. Havíamos chegado a um desses povoados colombianos de terra quente, que bem poderia ser associado com Macondo e que conhecemos como povoados do Caribe, ainda que muitos não tenham vista para o mar. As pessoas desse povoado tentavam retomar a vida que se partiu em antes e depois, do massacre paramilitar, em fevereiro de 2000, quando homens armados arrancaram as pessoas de suas atividades diárias, literalmente de sua vida cotidiana, e foram matando, reunidos na praça ou pelas calçadas e vias de acesso, os homens e as mulheres que haviam estigmatizado como colaboradores da guerrilha.

Eu conhecia essa história antes de ir, havia lido na imprensa na época em que aconteceu, assim como sabia dos outros massacres ocorridos nas últimas décadas em meu país e que converteram a população civil indefesa em um alvo de guerra. Mas uma coisa é conhecer a história filtrada pelos jornais ou amortecida pelos noticiários, recolhida em um apartamento da zona residencial de Bogotá, e outra escutar as vítimas repetindo esse ritual tão necessário e curativo de recontar o que viveram, ainda que sem compreendê-lo. De modo que estávamos lá, assistindo a um dos ritos mais antigos da humanidade: o de encadear palavras, umas ao lado das outras, para reorganizar os fatos uma e outra vez – mais uma vez, como pedem as crianças – e não apenas para contar a história para nós, os forasteiros, mas para recontar entre eles: para si mesmos.

Seguindo hierarquias implícitas, talvez resquícios de um mundo patriarcal, os homens iniciaram a fala: primeiro os líderes com maior experiência, depois os mais jovens, até que, por fim, chegou a vez das mulheres. Uma delas contou que montou seus filhos em um burro, com um aparelho de televisão recém-comprado, para que fugissem pelo monte e se salvassem – velhos gestos que a literatura converteu em símbolos: o burro, os tesouros, e, sobretudo, o instinto de colocar as crianças a salvo –, e acrescentou que, mesmo depois de tantos anos, muitos detalhes não haviam sido contado sobre o paradeiro de seus filhos durante aqueles dias terríveis, o que comeram e por quais caminhos abriram passagem.

Embora todos os testemunhos fossem aterradores, notei, entre os dos homens e os das mulheres, uma diferença de matizes: os homens tendiam mais ao relato de feitos, enquanto as mulheres se detinham às sensações, emoções e palavras que ainda não haviam sido ditas. Emoldurada pela singularidade e pelo colorido de cada voz, a memória, que às vezes costuma-se pensar como única, aqui se revelava em toda sua polifonia: muitas memórias, fragmentos de memórias, com timbres, tons e corpos diferentes. Notei como aquela descontinuidade entre os fatos – o que nos motiva a contar mais de uma vez até encontrar os fios que dão unidade temporal e espacial à brutalidade dos eventos – tinha também variações de gênero. Sabemos que todo relato, toda memória, é uma busca por sentido, uma interpretação, e como eu tinha sido convidada para esse encontro por escrever para crianças e por tentar dar voz a *Os buracos negros*, título do livro que eu leria nessa biblioteca, perguntei sobre o que sabiam as crianças.

– As crianças? – me perguntaram surpresos.

– Sim, como falam sobre tudo isso com as crianças? –

insisti, mas, ao me deparar com suas caras de espanto, corrigi a pergunta – Vocês falam sobre isso com as crianças?

Deram-me respostas do tipo 'eles eram muito pequenos, ou não se lembram ou não entendem ou nasceram depois do massacre'. Ou 'claro que já nos ouviram falar, mas diretamente com eles e para eles, não. Como estamos falando agora, não'.

Era um povoado pequeno e as crianças maiores e os adolescentes que ainda não estavam dormindo circulavam por ali. Treze anos se passaram desde então e os adultos não deixavam de falar no massacre, não podiam deixar de falar no massacre, mas acreditavam que as crianças não ouviam.

– As crianças têm orelhas – disse-lhes –, como costumo dizer aos pais dos menorzinhos quando me falam que não sabem como lidar com a presença dos filhos, ali, ouvindo-os falar.

– Quantos anos você tinha em fevereiro de 2000? – perguntei a um dos líderes mais jovens.

– Onze – ele respondeu. Senti que sua voz tinha um registro diferente do que havia escutado em seu primeiro relato e pensei na lucidez, na sensibilidade dos onze anos: essa idade em que temos a sintaxe adulta e todas as perguntas, e está por começar a revolução hormonal da adolescência. Eu os fiz pensar em como eram aos onze anos, e creio que entendemos, lá no fundo de cada infância, que nessa idade se sabe quase tudo.

Foi nesse momento que formulei aquela frase: 'Eu perdi o medo da dor das crianças'.

Soava forte. E não era correta, é claro. E me veio à mente uma frase de Toni Morrison:[1] "Em algumas sociedades há pessoas cujo trabalho é recordar". Então me ocorreu que meu trabalho – nosso trabalho – estava ancorado sobre isso: recordar e dar palavras. Acompanhar as crianças uma e mil vezes até *onde vivem os monstros*[2] e olhar para elas fixamente nos olhos amarelos, sem piscar nenhuma vez, como faz Max, o rei de todos os monstros. No outro dia, inspirada em seu truque mágico, li contos para aqueles líderes adultos, homens, em sua maioria, que tinham visto matar e morrer, fugido de seu povoado, para depois, num ato de valentia, regressar a esse lugar povoado por fantasmas, enfrentando os desafios da reconstrução material e simbólica

---

1 Escritora, editora e professora. Nascida nos EUA em 1931, recebeu o Prêmio Nobel de Literatura em 1993. [N.T.]

2 Referência da autora ao clássico de Maurice Sendak (EUA, 1928--2012), *Onde vivem os monstros*. Editado no Brasil pela extinta editora Cosac Naify. [N.T.]

de sua terra arrasada, mas que tinham tanto medo de falar com suas crianças. Sentada em círculo, olhando fixamente nos olhos brilhantes de meu público, me senti como aquela bibliotecária do livro de Margaret Mahy[3] ou como a própria Scherezade, tão pouco apta a resolver assuntos práticos, tão vulnerável para correr ou realizar tarefas de coordenação ou força, tão inferior a todos eles em enfrentar tragédias, mas 'tão Sherezade', tratando de buscar palavras para falar de coisas indizíveis; tratando de abrir esses caminhos que foram percorridos pelos artistas até a alma das crianças e que nos levam de volta para a alma de nossa própria infância. Lemos *A árvore vermelha*, de Shaun Tan[4], e foi comovente que um livro sobre uma árvore vinda de tão longe nos estivesse dando sombra e albergue nesse povoado. Lemos a duas vozes: uma menina do povoado, de nove anos que, ao que parece, o havia lido muitas vezes, pois o sabia quase de memória, e eu. Em uma menina estão todas as meninas. Pensei em Ana[5], em Bogotá.

---

3 *Maddigan's Fantasia*, de 2006, sem tradução brasileira. Margaret Mahy foi bibliotecária e escritora (Nova Zelândia, 1936-2012). [N.T.]

4 Título editado no Brasil pela SM. Shaun Tan, escritor e ilustrador australiano nascido em 1974, vencedor do ALMA em 2011. [N.T.]

5 O nome de Ana é fictício. A menina é real. (N.A.)

II

Eu não havia perdido o medo da dor das crianças.

A mãe de Ana estava morrendo. Ana era uma das leitoras da biblioteca de Espantapájaros e tinha três anos. Por aqueles dias, falávamos muito com seu pai no jardim, enquanto ela brincava com outras crianças. Ela se afastava correndo e regressava para tocá-lo e se certificar que continuava ali, com aquele jeito de gravitar em torno das conversas dos adultos, tão típico das crianças quando elas querem, mas temem escutar o que dizemos. Falávamos sobre o estado de saúde da mãe: se melhorava ou piorava, o que acontecia de maneira intermitente, e buscávamos também formas de ajudar a família a lidar com esses últimos dias nos quais, apesar de tudo, a esperança não havia morrido.

A mãe de Ana foi levada um dia à emergência do hospital e, entre uma complicação e outra, não havia regressado. Tinha saído de casa, como nos outros dias desde que sua enfermidade tinha começado e, talvez porque pensasse que ia voltar ou porque não estava se sentindo bem e não queria angustiar Ana, foi simplesmente sem se despedir. Agora, depois de vários meses hospitalizada, era importante que se vissem. De tudo isso falávamos no jardim e falávamos também com Ana, abraçando-a e consolando-a quando ficava triste, sempre tentando dar palavras à circunstância inexplicável de que sua mãe, para quem ela era o mais importante, tivesse partido sem lhe dizer nada.

Como se pode explicar isso?

Ainda que minha formação se apoiasse em diversas disciplinas e saberes relacionados com a infância, eu havia tido um treinamento adicional, que vou chamar de 'autodidata', para falar com crianças sobre coisas difíceis, e grande parte desse treinamento eu devia à literatura, que havia sido um refúgio para lidar com tudo aquilo que não me era permitido dizer na vida cotidiana. Não fui vítima de nenhuma censura em particular ou de uma disciplina férrea, mas sim dessa mistura entre boas intenções, instintos domesticadores e, sobretudo, de pânico à dor da infância, que parece regular as relações dos adultos com as crianças: essa necessidade só compreendemos quando temos filhos, e nos doem suas dores e seus fracassos mais insignificantes, de sabê-los felizes, saudáveis, bem-sucedidos e sorridentes, embora saibamos que tudo isso, junto e sempre, é impossível.

Nesse contexto, sei que vocês entendem, não era fácil falar com crianças em um país como a Colômbia, onde vivemos décadas particularmente difíceis, e eu fui me especializando, de forma abrupta, em explicar o inexplicável: em dar palavras. Alguém tinha de falar com as crianças quando os adultos, oprimidos pela dor, não sabiam como enfrentar suas perdas, e não somente pelo fato de que eu escrevia e lia para elas, senão por outras razões que venho descobrindo com o tempo, eu havia desenvolvido uma intuição para acompanhá-las em seus lutos. Se os contos circulavam de nossa biblioteca para as casas das crianças no cotidiano, mais motivo tinham para fazê-lo em tempos de guerra. No Espantapájaros pode-se encontrar livros para ajudar a conversar em momentos difíceis e a literatura nos havia abraçado e contido, nos havia emocionado e feito chorar, mas também rir e brincar. Porque com as crianças, mesmo em circunstâncias muito difíceis, sempre há espaço para rir, para o humor e para o disparate. Essa aprendizagem, a que podemos chamar de colateral, eu devo também à literatura para crianças: essa viagem ao coração da infância, que se faz quando se descobre Pippi Meialonga, Max, Matilda[6]. Ou muito, muito antes.

Em uma menina estão todas as meninas. Minha

6 Personagens das obras de Astrid Lindgren, Maurice Sendak e Roald Dahl, respectivamente. [N.T.]

mãe havia perdido seu pai quando tinha a idade de Ana e minha sogra havia perdido sua mãe com a idade de Ana (os três anos podem ser uma época difícil da vida), e, ao me lembrar de que minha mãe parecia desfrutar da leitura enquanto nos lia livros tão tristes como *Sem família*, de Hector Malot[7], me dei conta de que havia sido dela que eu havia aprendido as primeiras lições literárias sobre como a vida pode ser difícil. A literatura: esse lugar onde se iam morrendo, um por um, os personagens de *Sem família*; esse lugar onde minha mãe e nós podíamos fracassar, morrer e adoecer. Era um lugar onde ela não tinha medo de chorar na nossa frente, tampouco temia nossas lágrimas, nossa dor, nosso medo, ao ponto de, inclusive, propiciar a ocasião para que pudéssemos falar do que não falávamos em outras horas, no dia a dia, quando tudo precisava andar bem: a casa, a escola, as férias, a família. Assim aprendi que na literatura havia um lugar onde cabiam os que se sentem excluídos, ou melhor, havia lugar para os sentimentos excluídos. Era a possibilidade de ir e voltar, do mundo real, com suas exigências, para o mundo imaginário, com seus

---

7   Hector Malot (França, 1830-1907). *Sem família* teve várias edições e adaptações no Brasil. [N.T.]

sonhos e seus pesadelos, brincando e gravitando entre dois mundos, como fazia Ana, para certificar-se de que seu pai continuava ali.

Algum tempo depois a mãe de Ana morreu e tive de ajudar sua família a contar para ela com as palavras mais simples. Com as palavras mais terríveis.

– Mas eu quero que minha mamãe volte – ela disse muitas vezes naqueles dias.

Às vezes triste, às vezes furiosa, às vezes quase em sussurros, quase sem alento, como se dando por vencida, com um fio de voz.

– Não vai voltar, meu amor. Não havia outra forma de dizer a ela. Assim é a morte. Nunca mais.

Quando estamos tão tristes, não há conto que valha. Somente as lágrimas e somente os abraços. Então Ana se cansava de chorar, de certa forma se esquecia de chorar e ia brincar. A dor das crianças parece uma tempestade que inunda seus corpos tão pequenos, mas passa de repente e, de repente, elas têm fome ou querem brincar. Depois, quando se lembram, a tristeza volta. Dormem, mas acordam muitas vezes. Um movimento de vaivém, entre a pulsão de crescer, que é tão premente, e o ensimesmamento da perda. Entre a memória da dor, mas também a desmemória, as crianças são ingratas por natureza. Não são como nós que olhamos para trás, que carregamos nossa nostalgia. Elas vão para frente. Precisam esquecer para recompor-se e avançar. Ainda assim, paradoxalmente, ao mesmo tempo, necessitam que alguém reordene o mundo com palavras: esse mundo que se desordenou e do qual se teve de sair correndo.

Durante esse período, lemos muitos livros com Ana. Alguns, recomendados por nós, eram livros para crianças com distintos lutos – um cachorro ou um avô que morrem, por exemplo –, mas outros, os que ela continuava escolhendo, eram de temas e gêneros diversos, sem aparente relação com a morte de sua mãe. Várias vezes, para minha estupefação, escolheu *Uma cama para três*[8], livro escrito por mim e ilustrado por Ivar da Coll, em que Andrés, o protagonista, depois de muitas noites de pesadelos, consegue que os pais o acolham na grande cama, no meio dos dois, com um dragão que o persegue e que também encontra lugar na cama da família. 'Se cabem três na cama, cabem quatro. Por que não?' é a frase final do livro e ali estavam os olhos de Ana, perdidos na ilustração da família que, naqueles dias, eu gostaria de censurar ou apagar. Um menino que dormia pla-

---

8 Editado no Brasil pela Editora SM. [N.T.]

cidamente em uma cama grande, no meio dos pais, outra vez, outra vez, outra vez, olhava Ana, perdida na ilustração, pedindo pelas palavras que recordavam a ela que as mamães existiam, que havia crianças que as tinham, que podiam dormir com papai e mamãe numa cama, numa casa... Por que precisamente queria um livro que nomeava o que ela não tinha, um livro que nomeava sua perda tão recente?

Alguns meses depois falei sobre essa escolha de Ana num colóquio em Buenos Aires e Mónica Weiss, minha amiga ilustradora, me falou da necessidade que temos, logo após uma perda ou um acidente, de voltar no tempo, com a ilusão de chegar oportunamente no instante de evitar a tragédia. Damos voltas por esse lugar, que estava intacto alguns segundos antes, carregando essas perguntas tão inoportunas: E se tivéssemos feito isto ou aquilo?; E se tivéssemos escolhido passar pela outra esquina?. Pensamos muitas vezes e nos culpamos por não haver tido a lucidez de saber, de pressentir, de agarrar o objeto no ar... a mamãe bem no momento antes de ela partir, para mudar o rumo. Talvez por isso temos a pulsão de voltar outra vez a esse instante onde estava o que ainda não se havia partido, a esse instante anterior, para se poder evitar a ruptura, para que não ocorresse o que

aconteceu. No caso de Ana, parecia reparador revi‑
sitar esse momento, naquele quarto, naquela cama,
talvez na véspera, em que ainda estavam todos jun‑
tos, para habitar esse tempo que já não estava, que
não voltaria nunca mais, como no poema *O corvo*, de
Edgar Allan Poe.[9]

Nunca mais...

Por acaso não tem isso a ver com a ilusão da pala‑
vra, desde o início dos tempos, desde que as crianças
pedem uma e outra vez o mesmo relato para voltar a
trazer a voz da mamãe, a voz que já não está?

III

Ana Maria Matute[10] afirma que os escritores estão
unidos por um nexo comum: o mal‑estar no mundo.
Eu me pergunto se, ao contrário, o que acontece é que
documentamos o mundo com palavras. Seria uma
variação à ideia de Toni Morrison sobre o ofício da

9 Edgar Allan Poe (EUA, 1809-1849). O poema mencionado é sua obra mais conhecida, e foi traduzido para o português por Machado de Assis e Fernando Pessoa, entre outros. [N.T.]

10 Ana Maria Matute (1925-2014), uma das maiores escritoras espanholas do século XX. Recebeu o Prêmio Cervantes. [N.T.]

memória que compete a algumas pessoas e em determinadas profissões? Seremos os escritores e também, de certa forma, os leitores, aqueles que trabalham como notários, como escrivães desse mal-estar, dessa estranheza que começamos a sentir desde a infância? Será a memória desse mal-estar o que deixa a infância sepultada, fechada, sem canal de comunicação com o que chamamos de *vida adulta*, como se aprisioná-la entre as parede de um lugar comum – o suposto 'paraíso da infância' – ou subvalorizá-la pudessem ser mecanismos de proteção para não olhar como éramos no passado, quando tínhamos tempo de saber e de brincar e de temer, quando não estávamos tão ocupados em nossa *vida adulta*?

Rosa Montero diz, no livro *A louca da casa*[11]:

> Escreve-se sempre contra a morte [...] Os narradores somos pessoas mais obcecadas pela morte do que a maioria; creio que percebemos a passagem do tempo com maior sensibilidade ou virulência. Ao longo dos anos, fui descobrindo por meio da leitura de biografias e por conversas

---

11 Rosa Montero (Espanha, 1951), escritora e jornalista. *A louca da casa* é publicado atualmente no Brasil pela Editora Nova Fronteira. [N.T.]

com outros autores que um elevado número de romancistas teve, muito cedo, uma experiência de decadência.

Ela menciona os escritores Nabokov, Conrad, Vargas Llosa, Kipling, e nós poderíamos evocar muitos mais.

Consideremos que aos seis ou doze anos viram como o mundo de sua infância se desbaratava e desaparecia para sempre de maneira violenta. Essa violência pode ser exterior e objetivável: um dos pais que morre, uma guerra, uma ruína. Outras vezes é uma brutalidade subjetiva que só percebem os autores e da que não estão dispostos a falar; por isso, o fato de que não conste explicitamente essa catástrofe privada, não quer dizer que ela não tenha existido. Eu também tenho meu luto pessoal e não o conto.

E vocês?

Ana Maria Matute escreveu um livro chamado *Los niños tontos*[12], uma série de relatos sobre crianças que não se encaixam bem, como houve desde sempre, em todas as épocas, embora no tempo dela fossem

---

12 Sem tradução no Brasil. [N.T.]

chamados tontos ou 'a boba do povoado' e agora se chamem *gordos, nerds, imigrantes, perdedores* ou recebam nomes científicos como crianças com déficit de atenção e as tranquilizemos com drogas como a Ritalina. No prólogo do livro leio:

> Muitas vezes eu disse que se escrevo é porque não sei falar... talvez pelo fato de que fui uma menina gaga, mas muito gaga... Como não podia expressar-me como as outras meninas, como me sentia isolada do mundo que me rodeava... minha infância transcorreu, em sua maior parte, atolada no desamor e na solidão... a solidão de uma menina cujas palavras sempre fazem rir a seus colegas de classe. Inclusive a seus professores e até a seus próprios irmãos. Risos e caçoadas, que os anos desculpam, mas que não podem ser esquecidos... Eu gostava de estudar e o fazia, mas não podia recitar minhas lições ou responder a perguntas em sala de aula. Isto fez com que eu acabasse por ser a última, com as repressões e ameaças que podem ser adivinhadas, e que acabaram por me encurralar e isolar definitivamente... Assim, já que a vida ou o mundo me eram alheios, me rechaçavam, por assim dizer, tive de inventar um mundo e uma vida para mim... Depois de me perguntar: quem inventou minha vida?, decidi inventá-la eu

e logo depois comecei a escrever. E a descobrir que a solidão podia ser algo verdadeiramente belo, ainda que ignorado. De pronto a solidão mudou de figura, se converteu em outra coisa. Cresceu como a sombra de um pássaro cresce na parede, começa o voo e se torna algo fascinante, parecido com a revelação da outra cara dessa vida que nos rechaça. Assim, aprendi a ver o fulgor da escuridão. Queria (ao contrário das outras crianças) ser castigada no quarto escuro, para ver esse resplandecer do nada aparente. E lembro que um dia, ao partir entre meus dedos um torrão de açúcar, brotou na escuridão uma chispinha azul. Não poderia explicar até onde me levou aquela chispinha azul. Mas creio que ainda hoje posso, às vezes, ver luz na escuridão, ou melhor dizendo, a luz da escuridão. Isso é o que faço quando escrevo.

Enquanto escrevo tateando, volto a evocar aquele velho exemplar do livro *Sem família* e penso que a literatura se atreveu a me levar até o fundo da dor quando nada terrível me havia acontecido. E vou para um passado ainda mais distante para evocar, com *O Patinho Feio*[13], minha sensação de não pertencer a nenhuma família, e volto a escutar a voz de minha

---

13 Conto de Hans Christian Andersen (Dinamarca, 1805-1875) [NT.]

tia lendo-nos os contos de Oscar Wilde[14] e penso na
sensibilidade desse homem que foi perseguido por
sua homossexualidade, inventando histórias, a cada
noite, para seus filhos Cyril e Vivian e dizendo-lhes
que as coisas belas sempre fazem chorar. E me pergunto onde pude aprender mais sobre a condição
humana, mais da dor e da maldade e da culpa e da
exclusão e da beleza e da emoção e do riso e do amor
do que na literatura. Enquanto os discursos da vida
cotidiana insistiam em nos educar, normalizar, mora-
lizar e domesticar, enquanto me ensinavam a não
ser tão frágil nem tão tímida nem ser tão desajeitada
nem vulnerável, enquanto eu tentava me defender
com a voz a ponto de quebrar, argumentar sem ter
de levantar-me da mesa da família tomada por um
mar de lágrimas e participar da aula sem corar como
um tomate, enquanto me diziam 'isso não é nada'
quando me doía, a literatura mostrava outros caminhos: o que não se podia controlar, o que não se dizia
para as visitas, o que sim, doía. Se cito essas velhas
histórias que li quando era menina é para reagir

---

14 Oscar Wilde (Reino Unido, 1854-1900). A obra mencionada é
provavelmente *O príncipe feliz e outros contos*, de 1888, uma coletânea
de contos de fadas com muitas traduções e adaptações também no
Brasil. [N.T.]

contra um lugar comum que afirma que a literatura contemporânea para crianças está descobrindo como abordar temas difíceis, porque foi sobre isso que ela sempre tratou. Também do riso e do belo e do bom, mas unido a lágrimas, ao mais grotesco e à maldade: tudo junto. Por isso nos enfeitiça, por isso nos fascina.

Mas, além desse cenário de iniciação da competência que é a escola, e também desse 'curral da infância', como chamava Graciela Montes[15] a esse lugar onde se costumam confinar os menorzinhos e onde, apesar de serem terrivelmente indefesos, não parecem ter acolhida os vulneráveis, os frágeis, os doentes, os velhos, os perdedores, os que choram – pior ainda se são homens, porque são chamados 'meninas' –, os maus esportistas, os medrosos, os que têm pesadelos, em suma, os diferentes, a literatura parece ao mesmo tempo cama e dragão, memória e perda, para voltar a Ana.

Ante a impossibilidade de fazer frente ao que não se pode controlar, ao que não é homogêneo nem previsível, ao que pede uma resposta inédita, que não tenha sido ensaiada nem provada previamente,

---

15   Graciela Montes (nascida em 1947), autora e tradutora argentina. [N.T.]

a literatura pode ajudar a lidar com tantas emoções que vivem em nós desde o começo da vida e das que pouco se costuma falar com as crianças, com a ilusão adulta segundo a qual não existe aquilo que não se nomeia. Nesse sentido, Rosa Montero tem razão quando afirma que "na realidade, talvez todos nós, escritores, escrevamos para cauterizar com nossas palavras os impensáveis e insuportáveis silêncios da infância".

Pareceriam um paradoxo esses silêncios, no meio do bulício e do fluxo incessante da vida cotidiana, com tantos entrelaçamentos que não convidam à reflexão nem à escolha senão a uma participação imediata, mas creio que todos conheçamos essa mistura de silêncios e bulício onde transcorrem as vidas das crianças. (Basta pensar num domingo em um *shopping center!*). Justamente por isso, as crianças e nós também, os não tão crianças, necessitamos encontrar um lugar apartado onde seja possível falar línguas distintas da língua da uniformidade. Se faz uns cinquenta anos que enfrentávamos o tabu do sexo, hoje o sofrimento, a dor, a morte e até o peso parecem também tabus que conspiram contra essa obrigação da felicidade coletiva. Assim como renega os velhos, essa cultura também renega a infância.

Para seguir falando das meninas, muitas das que hoje têm seis ou sete anos e celebram seu aniversário num lugar chamado *Spa*, com máscaras de beleza e rodelas de pepino que lhes cobrem os olhos e soterram suas infâncias para lutar com tudo o que há de pessoal, de singular, de hereditário, de imperfeito o próprio corpo: esse corpo desalinhado e brincalhão que é o território da infância. Assim como me referi em outros textos aos meninos de meu país que foram vítimas do recrutamento ilegal numa idade média de onze anos – de novo essa idade, os onze anos! – hoje quero falar *a partir* das meninas, porque as meninas também vivem tempos difíceis e não me refiro apenas às que vivem na Nigéria ou em Gaza ou a tantas meninas da guerra. Os corpos das meninas, temo que em todos os países, são um dos terrenos onde a diferença está mais proscrita.

IV

O certo é que a infância não é precisamente, ou somente, um paraíso e algo do que não costumamos falar nem reconhecer nas crianças, parece se esconder e se revelar, ou ambas as coisas de uma vez, na literatura. Como afirma o filósofo inglês Michael

Oakeshott[16] ao referir-se à cultura, poderíamos também dizer que a literatura permite "escutar essa conversa em que os seres humanos buscam eternamente compreender-se a si mesmos", esse 'convite a estar interessados no que ainda não se compreendeu'. Esse mundo, não de feitos, mas de significados partilhados que se interpretam entre si, vai configurando outra dimensão, para além do que é fático, uma outra capa de vida que poderíamos chamar simbólica. Por isso, em situações difíceis como as que se enfrentam depois de uma catástrofe – exterior ou interior –, a memória simbólica adquire tanta importância.

Em *Atualidade do belo*, Gadamer[17] nos recorda o significado da palavra símbolo:

> A princípio, símbolo era uma palavra técnica da língua grega e significava 'tabuleta de memória'. O anfitrião dava de presente a seu hóspede a chamada *tessera hospitalis*; rompia uma tabuleta em dois pedaços, conservando

---

16 Michael Oakeshott (1901-1990), filósofo e teórico inglês.[N.T.]

17 Hans-Georg Gadamer (1900-2002), *Atualidade do belo* foi publicado no Brasil pela Editora Tempo Brasileiro e se encontra esgotado no momento. [N.T.]

uma metade para si e dando a outra ao hóspede para que, se após trinta ou cinquenta anos voltasse à casa um descendente desse hóspede, pudessem reconhecer-se mutuamente juntando os dois pedaços.

O símbolo era, então, uma espécie de passaporte, um pedaço de tabuleta que se guardava e se juntava, tempos depois, com o outro pedaço, para reencontrar-se com um antigo conhecido. Uma vez mais, a história das palavras se mostra mais eloquente que um tratado de hermenêutica. Cito novamente Gadamer:

> O símbolo, a experiência do simbólico, quer dizer que este individual, este particular, se representa como um fragmento de Ser que promete complementar num todo íntegro o que se corresponda com ele; ou, também, quer dizer que existe outro fragmento, sempre almejado, que complementará num todo nosso próprio fragmento vital... A experiência do belo e, em particular, do belo em arte, é a evocação de uma ordem íntegra possível, onde quer que esta se encontre.

Essa evocação de uma ordem íntegra possível na qual parecemos nos reconhecer poderia ajudar-me a juntar tantas pedrinhas soltas que fui deixando pelo caminho: os livros da biblioteca que lemos com os líderes comunitários à procura de rotas que nos conectassem com a infância, os olhos de Ana admirando a ilustração de uma perda, revisitando o reino perdido para sempre e reencontrado nas palavras. As meninas que fomos, em diferentes tempos, todas: as leitoras, as escritoras, as contadoras, as Sherezades que conjuramos a morte fiando histórias. E nesse *continuum* da linguagem, a escrita como trabalho de passar pela vida recolhendo e lavrando pedrinhas para torná-las símbolos, para que quando um leitor as junte com as suas sinta que alguém o reconhece e o chama por seu nome.

Essas lições culturais não são evidentes e precisam ainda ser ensinadas num sentido profundo que transcende o didático. Teríamos de ensinar, por exemplo, e creio que essa é a razão que nos convoca nessas páginas, que os livros, antes de tudo, foram vozes de gente, histórias de gente e que a experiência de pertencer a uma família humana também se reflete num horizonte de consciência comum representado na linguagem. E que há uma língua diferente para usar todas as faculdades do cérebro e todos os registros da voz, ou melhor, para dar voz, a 'esse acúmulo de vidas sem contar', como dizia Virgínia Woolf.[18]

Nessa possibilidade de acessar a um conhecimento sensível, nessa língua franca que nos fala de nós mesmos e que nos irmana a todos, com as raízes humanas que partilhamos, há uma promessa para construir uma polifonia. Ou, para dizê-lo com as palavras do escritor Alessandro Baricco[19], "Todos somos uma página de um livro, mas de um livro que ninguém nunca escreveu e que, em vão, buscamos nas estantes de nossa mente".

Talvez por isso, e porque no fundo todos somos meninos únicos, meninas únicas, precisemos nos ler, nos envolver e nos abrigar em palavras.

---

18 Virgínia Woolf (1882-1941), escritora e editora inglesa. [N.T.]

19 Alessandro Baricco (1958-), um dos mais importantes escritores italianos, autor de peças teatrais, ensaios e romances. [N.T.]

Mar de dúvidas: os livros sem idade

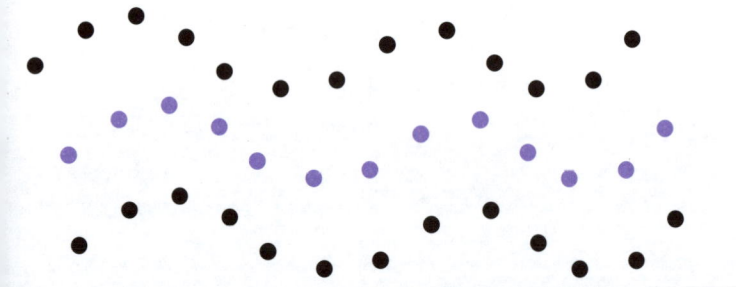

Muitos de nós, que escrevemos para crianças e jovens – e para adultos também –, somos irremediavelmente etiquetados na categoria 'infantil e juvenil' e por isso lidamos com certo transtorno de identidade, o que gera ainda mais dúvidas ao trabalho da escrita. No entanto, como nas questões de escrita é sempre difícil extrapolar a própria experiência para falar da experiência dos outros, trago um *estudo de caso* que sou eu: primeira pessoa do singular.

O *caso* é que às vezes começo a escrever com a sensação crescente de não me encaixar em nenhum lugar: a mesma sensação que tem Alice[1] quando experimenta bebidas e biscoitos para caber em outros mundos, e quase nunca acerta, ou a do Patinho Feio, quando foge de casa em busca de uma pista que o

---

1   A personagem do escritor inglês Lewis Carroll (1832-1898) nos clássicos *Alice no país das maravilhas* e *Alice através do espelho*. [N.T.]

faça sentir-se parte de uma taxonomia animal e não encontra família que o aceite.

Para quem escrevo? Basta olhar sobre quem escrevo, olhar a idade dos protagonistas, seus temas e suas peripécias para situar a novela que estou escrevendo em um lugar, numa idade: é para jovens, para adultos, para gente? Qual poderia ser meu leitor potencial, meu público-alvo? O que deve fazer o departamento de vendas?

Poderia dizer que este não é problema meu, é das editoras. Eu me encarrego de escrever e já é bastante; me encarrego de encontrar as vozes, ou melhor, de *fazer* as vozes, até que pouco a pouco, rio e leito, se vá construindo um mundo, se vão encarnando as vozes nos personagens, se vá tecendo a novela.

E tudo vai bem, porta adentro do estúdio. Mas temos de ir para o mundo. Abrimos a porta da sala onde escrevo e saímos para o que se chama de 'o mundo editorial'. A quem posso oferecer o original, uma vez que o termine? O mundo editorial está dividido por idades: saletas, andares, edifícios, empresas, coleções, especialistas em uma e outra faixa etária. Os editores publicam livros para serem encontrados em estantes, seções, lugares físicos ou virtuais. De alguma maneira precisam organizá-los, formatá-

–los, apresentá-los, vendê-los e avaliar os resultados: quais dão prejuízo e quais dão lucros, e nem todos podem dar conta de tudo nem saber de tudo. Para complicar ainda mais a situação, os livros chamados 'infantojuvenis' se classificam em duas categorias: os que se dirigem à escola e os que visam os *'trade'*: o rótulo é eloquente para os livros vendidos nas livrarias ou gôndolas de supermercado, ao lado do caixa, com outros produtos de consumo, para compra por *impulso*.

A divisão do trabalho, enfim.

– Para onde se dirige, com quem terá reunião? – perguntaria a recepcionista quando eu chegasse com um manuscrito sem idade.

– Pois é, na verdade, não sei muito bem...

– No terceiro andar está o departamento de Literatura para adultos. No quarto, o de LIJ (Literatura Infantil e Juvenil) – talvez ela tentasse me orientar com essas siglas tão pouco literárias.

E se não sei para que idade é meu manuscrito? Poderia oferecê-lo aos editores para que eles o decidissem em reunião?

Não é uma pergunta que uma recepcionista possa responder. Além disso, os editores não costumam fazer reuniões coletivas. Muitas vezes nem se conhecem ou talvez se encontrem por alguns minutos tomando café, no intervalo. E os editores de livros para adultos quase sempre olham de cima os que editam a sigla LIJ. Ainda que seja mais cômodo delegar esse problema aos editores ou responsabilizá-los ou simplificar a questão da idade nessas fronteiras ou rótulos que os departamentos editoriais inventaram, prefiro acolher a pergunta e talvez deixá-la ressoando, sem pretensão de encontrar uma resposta.

É verdade que eu não sei para quem escrevo? É certo que eu nunca sei?

Quando se sabe para que idade se escreve um livro:

Sempre ( ); Ocasionalmente ( ); Às vezes ( ); Nunca ( ).

Onde marcar o 'X'?

É possível preencher o espaço com a 'resposta correta'? É possível marcar apenas uma opção ou várias? É possível fazer isso de maneira sempre igual, a cada livro que se escreva? É possível duvidar sempre?

Diria que não, que não se duvida sempre. E me atreveria a dizer que isto não tem a ver com a qualidade do livro, pois há livros sentidos e escritos intencionalmente para crianças e alguns para crianças muito pequenas, e apresentam uma identidade claramente 'infantil', no belo e preciso sentido da palavra. Além disso, dou fé que são livros que fascinam os pequenos leitores no começo de suas vidas, que os cativam, que atingem, com sabedoria, a sua psique de crianças (mas também a sua semântica e a sua gramática), e isso é tudo uma arte; tão difícil, talvez, como a poesia. E, às vezes, são livros tão bons, aí reside sua magia, que são relidos repetidamente em muitas idades; e os adultos que não os conheceram na infância podem descobri-los ao lado das crianças e se apaixonarem por eles, precisamente porque são ótimos.

Por outro lado, também há livros para adultos que nos rasgam a alma e que não lemos às crianças porque são claramente livros para adultos. Todos conhecemos exemplos de uns e de outros e até poderíamos dizer que surgiram assim, de um lado ou do outro desse *continuum* que é a vida, e, certamente, podemos reconhecê-los uma vez que têm materialidade – um pacto, uma complexidade, umas preocupações, uma sintaxe, que os faz respirar de determinada maneira –, e uma linguagem que se conecta com um momento vital da experiência humana. É claro que no caso dos livros para adultos, talvez por sua complexidade, talvez por sua maneira de evocar uma experiência de vida e de linguagem que as crianças não têm, são livros para adultos. (Refiro-me a essa simbiose entre linguagem e pensamento: uma criança *se pensa* numa linguagem diferente a de um adulto, e vice-versa).

Há, porém, livros que não apresentam essas fronteiras tão claras. São livros que nascem, como *O Patinho Feio*, com esse problema de identidade, com essa marca de extravio, e não por isso são melhores nem piores, e aqui é importante, de novo, recuperar a singularidade. Porque é possível que um livro seja onipresente e que essa seja sua vontade – intencional ou não –, que sua própria essência, sua feitura tenha nascido da criança e do adulto que estão no desejo do escritor.

Eu me arriscaria a dizer que há autores que, por alguma estranha razão, andam mais perdidos no mundo ou têm menos certezas ou, simplesmente, querem explorar mais as continuidades que os limites: autores que preferem contornar uma espiral a seguir uma linha reta, como se percorressem com o dedo a fita de Moebius, escrita pelos dois lados ao mesmo tempo, sem limite entre direito e avesso. Há autores que procuram por isso em alguns de seus livros, às vezes mais, às vezes menos, e talvez essa escolha possa ser sua marca. É natural que não estou falando de qualidade literária e é preciso explicitar, pois há uma tendência a classificar alguns livros como 'profundos' ou 'complexos' simplesmente por serem ambíguos ou por não estarem bem resolvidos, da mesma maneira como há livros-álbum cultuados que podem ser lidos e relidos de muitas formas e a qualquer idade, também há outros que piscam o olho aos adultos por cima do ombro das crianças. Há de prestar atenção a esses estereótipos que equiparam qualidade com ambiguidade ou hermetismos pré-fabricados para que pareçam, à primeira vista, belos artefatos. Ainda assim, retomando o fio, há uma incerteza própria do processo de escrita que está emoldurada, justamente, pelo não saber para quem é essa voz, a quem se dirige, a que leitor se procura com essa enunciação.

Para voltar ao estudo de caso, costuma acontecer que *sinto* finalmente o livro, não quando tenho uma trama ou um argumento, mas sim quando encontro a voz, quando essas palavras de alguém começam a 'encarnar-se' – em carne de personagem, perdão pela redundância – e a falar quase sem mim, o que corrobora que não são o tema nem o enredo o que movem a escrita literária, e sim a voz, as vozes que se fundem, que se fazem corpo com a história. Mas não creio que essas 'fusões' estejam predeterminadas, ou seja, que haja certos temas etiquetados como 'juvenis' – bulimia, anorexia, drogas, sexo, *rock and roll* –, nem que o chamado 'romance de crescimento' (e que romance não é um romance de crescimento?) seja, por si só e de antemão, um livro 'juvenil'. Esse trabalho de fusão que vai se transformando, muito lentamente, na voz do livro (seu tom, sua textura, sua melodia, seus silêncios), é o que separa a escrita de ficção das outras escritas, mesmo quando surgem pela mão de um mesmo autor. Quando escrevo um romance, exploro de outra maneira meu mundo psíquico e coloco em jogo outras operações mentais que, na falta de outro nome, chamam-se pensamentos, mas que diferem do modo como os pensamentos surgem quando escrevo, por exemplo, uma coluna de opinião para um jornal. Voltando ao meu caso particular, sinto que a escrita pode estar melhor encaixada nos intervalos entre uma idade e outra, por isso me interessa fazer-lhe furos no que, aparentemente, está fechado.

Há um livro de contos de Andersen que conservei na memória de minha infância e que começava com *O Patinho Feio* e há outro, *O estrangeiro*, de Albert Camus[2] que, na minha memória, marca a chegada abrupta da juventude. No fundo, são dois livros parecidos

---

2 Albert Camus (1913-1960), escritor, filósofo e jornalista argelino que viveu intensamente a luta pela independência da Argélia. Seu romance mais conhecido, *O estrangeiro*, tem várias edições no Brasil. [N.T.]

que traduzem, em dois momentos cruciais da vida – infância e adolescência – essa dor antiga de estar saindo de um lugar com a suspeita de que não irá encontrar outro. Muitos dos autores e dos livros que me interessam ler, por exemplo os de minhas 'guias tutelares', como chamo a algumas de minhas autoras de cabeceira: Marina Colasanti, Maria Teresa Andruetto, Lygia Bojunga, Chimamanda Ngozi Adichie, Joyce Carol Oates, Alki Zei, entre outras, têm essa marca. Inclusive, se me esquecesse do enredo de seus livros, recordaria a voz, a luz e a textura da infância, ou esse terrível aperto que implica abandoná-la. Mas se elas e outros autores como Karl Ove Knausgärd ou Amós Oz – para não citar somente mulheres – são capazes de reconstruir cada centímetro de infância e não por isso serem considerados 'autores infantis', por que não com os livros 'juvenis'? Por que os livros *para adultos* são lidos por gente cada vez mais jovem, enquanto os livros *para jovens* não conseguem passar a fronteira para o mundo dos adultos? Seria uma utopia migrar para formas mais contemporâneas, mais sinuosas, menos regradas, não de escrever (isso se subentende), mas de apresentar o que escrevemos?

Quero acrescentar mais perguntas a estas perguntas: Por acaso alguém poderia dizer o que significa, exatamente, um 'leitor adulto'?; Um adulto que lê revistas *Cosmopolitan*[3] ou sagas comerciais é mais 'leitor adulto' que um jovem de quinze anos que se formou lendo Roald Dahl, Marina Colasanti, Maria Teresa Andruetto, Julio Cortázar e Jhumpa Lahiri, e que foi crescendo com a literatura que leu?; Não seria melhor pensar numa psique leitora – para não confundir o termo com os rótulos editoriais de faixa etária –, que não se mede com critérios cronológicos e que tampouco se orienta por um gráfico ascendente de tamanhos?.

Os escritores devem esquecer o assunto e simplesmente deixar sair a voz de cada livro e permitir, depois, aos editores, livreiros, professores e críticos que se ocupem de organizar nossos livros em faixas, estantes, lugares? Os livros têm idade? E se dizemos 'não', onde ficam os livros sem idade? Para onde devem se dirigir os leitores que procuram livros sem idade? Há uma seção nas livrarias, algum departamento nas editoras onde se possam encontrar os livros sem idade?

Quando eu era criança, havia um lugar que me aterrorizava mais que o inferno e se chamava 'o limbo': era para onde iam aqueles que não mereciam o

---

3 Revista de variedades sobre relacionamentos e moda. Editada no Brasil até poucos anos com o título de *Nova*. [N.T.]

céu, mas tampouco eram tão maus para o inferno. E era para esse lugar, o limbo, onde chegavam as crianças que não tinham sido batizadas. Afortunadamente, li há uns anos, quando já não me importava, que as autoridades do Vaticano declararam que o limbo não existia. Esse 'não lugar' parecido com as salas de espera de conexões internacionais dos aeroportos, onde são feitas escalas sem autorização de ultrapassar as portas e entrar nos país, poderia ser a imagem do *lugar* onde ocorre a escrita, especialmente quando se escreve para pessoas que não se encaixam num lugar definitivo. Parece-me que escrever é como dar-se permissão de habitar além das fronteiras conhecidas, esses espaços onde não somos ninguém e ninguém nos conhece e onde andamos de passagem, como errantes viajantes, esquadrinhando fisionomias e traços de pessoas de quem nada sabemos, mas que nos lembram outros de pessoas muitos próximas.

Nesse espaço entre a fronteira conhecida e a desconhecida se oculta uma zona intermediária onde perdemos as certezas e o apego e nos vemos obrigados a balbuciar outros idiomas para nomear o que não sabemos dizer com as palavras que sabemos. Talvez, nesse limbo, a meio caminho entre o paraíso e o inferno, possamos encontrar esse reino sem idade que é a literatura.

O reino dos símbolos

Muito já se falou, a partir de inumeráveis perspectivas, disciplinas e saberes, sobre estes organismos vivos tão complexos que somos nós, os humanos. Genética, metabolismo neurotransmissores; corpo, corpo e alma, anjos e demônios, mortais, imortais... O denominador comum de todas as afirmações – falsas ou verdadeiras, ou as duas coisas de uma só vez –, expressa uma interpretação a respeito de quem somos, construída por nós mesmos e formulada pela linguagem. Vou tomar como ponto de partida esta abordagem do filósofo Michael Oakeshott para fazer referência a uma de nossas marcas de família: a necessidade de dar sentido aos ciclos de nascimento, maturação e morte que compartilhamos com os demais organismos vivos. "Um ser humano é uma 'história' e define essa 'história' para si mesmo a partir de suas respostas às vicissitudes com as quais se depara (...). Não há um destino predeterminado: não existe uma vida humana ou um homem perfeito e substancial que lhe sirva de modelo", afirma Oakeshott, e assinala que "não apenas aprendemos os significados específicos que nos ensinam, mas somos estimulados a *significar*, a interpretar".

Esse convite foi formulado à família humana há muito, muito tempo, por meio de incontáveis textos. E como não existe isso a que chamamos natureza humana, mas sim homens, mulheres, meninos e meninas singulares, lançados em épocas distintas à tarefa de inventar a vida, a literatura tem sido um dos textos essenciais para acolher e transmitir não apenas as inumeráveis interpretações sobre nossas peripécias, mas também o próprio movimento de buscar/produzir significado.

Se evocamos a poética da primeira infância – como as canções de ninar e os livros com e sem páginas –, podemos ver que se trata de um movimento de vaivém. Sua estrutura profunda é a mesma: há algo que está e algo que não está; algo que se esconde e há que se entrar no jogo até que *apareça*. No entanto, e aí está o paradoxo, as crianças logo descobrem (descobrimos) que, uma vez *aparecido* o objeto da busca, ele não permanecerá fixo. Essa constatação, ao mesmo tempo dolorosa e agradável, *move* os filhotes da espécie a apreender o que está acontecendo e talvez explique a nossa necessidade de chegar ao mundo para fazer linguagem, a *ser* linguagem. Capturar as marcas que a ausência deixou (moldar a forma dessa ausência) e *fingir* que podemos aprisioná-la em um suporte imaginário para operá-la, para deixá-la ir e para recuperá-la inúmeras vezes por meio de uma repetição deliberada, é um movimento que, apesar de sua complexidade, experimentamos desde muito cedo. E a literatura é uma encenação – de voz, de palavras – dessa experiência. Como a marca que fica no travesseiro ao retirarmos a cabeça, procuramos no texto literário as pegadas de uma voz que deixou suas palavras marcadas: esses tons, essas texturas que nos trazem os rastros de uma presença. Por outro lado, desde as primeiras experiências literárias aprendemos que a linguagem também é uma matéria movediça. Por isso o jogo do vaivém vai se tornando cada vez mais instável: sempre há algo que não se deixa aprisionar: uma fissura. E nessa fissura habita o símbolo.

Hans George Gadamer define a experiência do simbólico como "um jogo insolúvel de opostos, de exibição e ocultação" e a ilustra com uma história retirada de *O Banquete*, de Platão, em que se conta que os homens eram originalmente seres esféricos, mas que, devido ao mau comportamento, foram divididos em duas metades pelos deuses. Desde então, cada uma das metades, que alguma vez foi um ser vivo completo, busca seu complemento, e o amor é o encontro em que a esperança dessa busca é cumprida. Parece-me inspirador retomar a definição de símbolo, proposto por Gadamer, a partir de sua etimologia. Segundo o autor, a palavra símbolo, um vocábulo técnico da língua grega, significava "tabuleta da memória" (tessera hospitalis)[1]. Quando um hóspede se alojava em uma casa, relata Gadamer, o anfitrião partia a tabuleta em duas partes: uma metade conservava para si e a outra ficava com o hóspede, de modo que se um descendente desse mesmo hóspede retornasse à mesma casa, trinta ou cinquenta anos depois, poderiam se reconhecer mutuamente ao unirem as duas metades. O símbolo era, assim, "uma espécie de passaporte na história antiga", uma materialidade para reconhecer um velho conhecido.

É importante enfatizar a definição feita pelo autor sobre o caráter do simbólico na arte: "A obra de

---

[1] No capítulo "A luz da escuridão", páginas 103/104/105 desde volume, a autora explora mais detalhadamente o conceito de símbolo a partir da obra de Gadamer, *Atualidade do belo*. [N.E.]

arte não é um mero portador de sentido, pois seu sentido está no fato de estar ali, e valer e nos falar como obra". E considero essa definição fundamental para o tema que tratamos, uma vez que o simbólico, no texto literário, não substitui o significado, mas o *representa*. E, nesse sentido, cabe outra observação sobre a forma de representar, própria da arte, pois o representado não desaparece, mas permanece ali, na materialidade da obra. Para ilustrar, pensemos em um exemplo literário bastante conhecido, como em *Onde vivem os monstros*, de Maurice Sendak: não é que os monstros sejam meros portadores de uma mensagem (como a estátua de um cavaleiro montado, que comemora uma batalha, ou um texto didático que se vale da personificação de animais para transmitir uma moral), mas que os monstros continuam ali, rugindo seus terríveis rugidos, todas as vezes que um leitor abre as páginas desse livro. E, enquanto Max inicia sua viagem à noite, e de seu próprio quarto – da terrível noite de sua própria infância –, a infância do leitor também é ativada para embarcar nessa *odisseia de linguagem*. E é sempre a primeira vez e a viagem não está esculpida em pedra nem se destina a alcançar um significado permanente; tampouco adiantará substituir um pedaço da tabuleta (a obra), por um outro (a mensagem), porque os dois pedaços estão contidos nessa estrutura que não é totalmente fechada nem para o autor nem para o leitor: por isso sempre podemos descobrir algo diferente.

Talvez a evocação de uma ordem possível, como o amor platônico aludido em *O Banquete*, ajude a explicar a pulsão pela busca, que parece ainda mais importante que o ponto de chegada. E me ocorre que empreendemos essas viagens literárias (a um lugar de La Mancha, a Ítaca, ao reino dos monstros e a tantos reinos literários) para encontrar o outro pedaço da tabuleta que nos falta: essa peça que permite nos reconhecermos como parte da família humana. E ao voltar a perdê-la e reencontrá-la mil e uma vezes, aceitamos participar do jogo de significar, que é o jogo das crianças e que é também o reino da arte: o reino dos símbolos.

O que identifica a escrita literária é essa espessura simbólica que permanece gravada na linguagem. Para além do tema, da trama, das ideias, inclusive da história – e, certamente, na contramão do trabalho deliberado de "fazer símbolos" –, trata-se de uma trama com várias camadas que se sustentam em um frágil equilíbrio, um movimento de vaivém sempre instável e, de alguma forma, inédito, entre o que se deixa escrito e o que é silenciado.

Usar uma língua (ou reinventá-la) para iniciar uma conversa com o que ainda não foi dito (e talvez, em parte, seja indizível) é a essência do convite que nos foi feito pela literatura desde o começo de nossa história. E, no fundo, trata-se de uma história recorrente, reativada em cada membro de nossa espécie, do recém-nascido até o mais velho de nossos antepassados. Ou, por meio das palavras de Aidam Chambers[2]:

"O artista olha atentamente enquanto pinta e o espectador olha atentamente o que ele pintou... Sim, tudo é arte. A pintura. A escritura, a literatura, também... Por isso gosto da História da Arte. É o estudo de como observar a vida com toda a atenção. É a história do amor."[3]

Examinarmo-nos mutuamente e contarmo-nos, mais uma vez, e mais outra, *'ota vez'*, como pedem as crianças, as histórias de família: essa história nunca

2 Premiado escritor britânico de literatura para crianças e jovens, pesquisador e ensaísta nascido em 1934. Recebeu, em 2002, o prêmio Hans Christian Andersen por "sua contribuição duradoura à literatura infantil". [N.E.]

3 Chambers, Aidan. *Postales desde tierra de nadie.* Barcelona, Muchnik Editores, 2001.

finalizada que recebemos dos mais velhos e que deixaremos para os recém-chegados da espécie. Chambers tem razão: a arte, esse tratado escrito em códigos sobre a história do amor. Ou sobre esse pedaço de história que, por mais que nos contem, continua, durante toda a vida, a nos fazer falta.

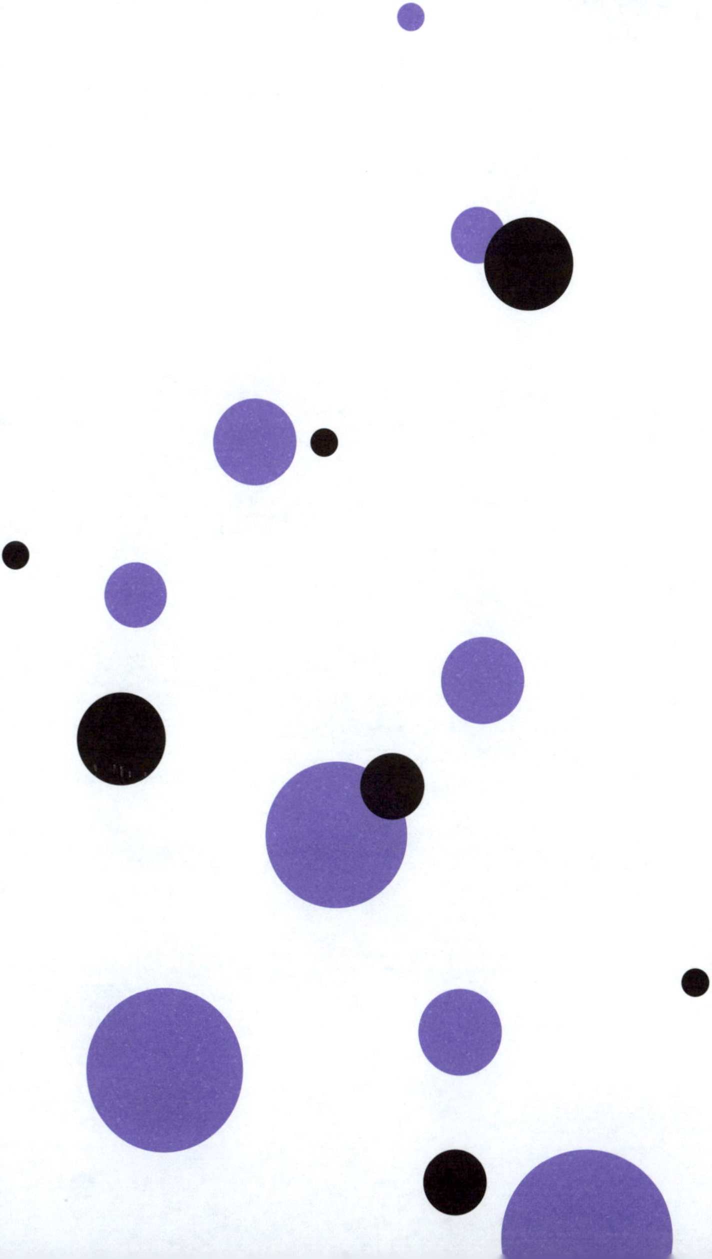

SOBRE A AUTORA

Yolanda Reyes nasceu e vive na Colômbia, na cidade de Bogotá. Licenciada em Ciências da Educação, com especialização em Literatura, concluiu seus estudos de pós-graduação em Língua y Literatura Espanhola no "Instituto de Cooperación Iberamericana", em Madri.

É fundadora e diretora do Instituto Espantapájaros, um projeto cultural de formação de leitores, dirigido não só às crianças, como também a mediadores e adultos. Participa ativamente como conferencista de encontros nacionais e internacionais sobre leitura, literatura e formação de leitores. Assessorou instituições e participou da organização e da concepção de projetos e eventos destinados ao fomento à leitura, como do Centro Regional para o Fomento do Livro na América Latina e Caribe (Cerlalc).

Yolanda é autora de inúmeros artigos sobre literatura para crianças e jovens. Por sua coluna "O DNA da Colômbia" (El ADN de Colombia), no jornal El Tiempo, de Bogotá, obteve a Menção Especial no Prêmio Simón Bolívar de Jornalismo, em 2009.

Muitos de seus livros receberam importantes prêmios em seu país e no exterior, sendo que alguns estão traduzidos e publicados no Brasil. Em 2020, recebeu o importante Prêmio Iberoamericano de Literatura Infantil e Juvenil SM.

Pela editora Pulo do Gato, a autora publicou, em 2012, também pela Coleção Gato Letrado, o livro *Ler e brincar, tecer e cantar – Literatura, escrita e educação*, que recebeu o selo Altamente Recomendável FNLIJ (Fundação Nacional do Livro Infantil e Juvenil – IBBY Brasil).

REFERÊNCIAS BIBLIOGRÁFICAS

ANDERSEN, Hans C. *Cuentos completos*. Madrid: Anaya, 2003.

ANDRUETTO, María Teresa. *Lengua madre*. Bogotá: Babel Libros, 2013.

BARICCO, Alessandro. *Mr. Gwyn*. Rio de Janeiro: Alfaguara Brasil, 2014.

BOJUNGA, Lygia. *TCHAU*. Rio de Janeiro: Casa Lygia Bojunga Editora, 19ª edição, 2021.

CAMUS, Albert. *O Estrangeiro*. Rio de Janeiro: Record, 1979.

CHAMBERS, Aidan. *Postales desde tierra de nadie*. Barcelona, Muchnik Editores, 2001.

COLASANTI, Marina. *Minha Guerra Alheia*. Rio de Janeiro: Record; 2010.

CORTÁZAR, Julio. *Todos os Contos*. São Paulo: Companhia das Letras, 2021.

GADAMER, Hans George, Atualidade *Do Belo*. Rio de Janeiro, Tempo Brasileiro, 1985.

KNAUSGÅRD, Karl Ove. *A ilha da infância*. São Paulo: Companhia das Letras, 2015.

MAHY, Margaret. *El secuestro de la bibliotecária*. Madrid: Alfaguara, 1999.

MATUTE, Ana María. *Los niños tontos*. Valencia: Mediavaca, 2020.

MONTERO, Rosa. *A louca da casa*. Rio de Janeiro: HarperCollins Brasil, 2015.

MONTES, Graciela. *El corral de la infancia*. México: Fondo de Cultura Económica, 2001.

OAKESHOTT, Michael. *A Voz da educação liberal*, Belo Horizonte: Editora Âyiné, 2021.

OZ, Amós. *Pantera no porão*. São Paulo: Companhia das Letras, 1999.

REYES, Yolanda. *Los agujeros negros*. Bogotá: Alfaguara, 2001.

_____. *Ler e brincar, tecer e cantar - Literatura, escrita e educação*. São Paulo: Pulo de Gato, 2012.

_____. *Secretos que no sabemos que saben*. México: Conaculta, 2015.

SAMPER PIZANO, Daniel. *Dejémonos de vainas*. Bogotá: Plaza & Janés, 1986.

SENDAK, Maurice. *Onde vivem os monstros*, Cosac & Naify; São Paulo, 2014.

SNUNIT, Mijal. *El pájaro del alma*. México: Fondo de Cultura Económica, 1993.

STOKER, Bram. *Drácula*, São Paulo: Penguin, São Paulo, 2014.

TAN, Shaun. *A árvore vermelha*. São Paulo: Edições SM, 2009.

WOOLF, Virgínia. *Um teto todo seu*. São Paulo: Tordesilhas. 2014.

ZEI, Alki. *El tigre de la vitrina*. Bogotá: Babel Libros. 2016.

Este livro foi publicado
pela Editora Pulo do Gato
no mês e ano de seu
10º aniversário.